みんなから愛される！

すてきマナー BOOK

アフェクションキッズマナー主宰
大塚 けいこ

自分のことを今よりもっと好きになれる！

あなたは、どんな女の子になりたいですか？

かわいくなりたい、笑顔がすてきになりたい、明るい子になりたい、大人っぽい子になりたい、みんなから好かれる、あの子みたいになりたい。

今のあなたもじゅうぶんすてきだけれど、「自分を変えたい」「みんなから愛される！すてきマナーBook」という思いをもって、この「みんなから愛される！すてきマナーBook」を手に取ったあなたならきっと「なりたい自分」になれます。

この本には、ふるまいやコミュニケーションのコツ、身だしなみやマナーなど、あなたが今よりもっと「すてき」になるための、47のレッスンがのっています。

これから先も、あなたが「理想の自分」になるための、心強い味方になってくれるでしょう。

さあ！ 準備はいいですか？
ページをめくってみてください。

あなたがなりたい女の子になるための、すてきマナーレッスンスタートです！

なるためのヒミツのルール

レッスンをはじめる前に…

すてきな女の子になるために、これから心がけてほしい8つのルールを教えるよ。最初はできることから、はじめてみてね♪

1日のおわりにこのページを見返して、ルールを心がけて過ごせたか、ふり返ってみよう！

ハッピーオーラのキラキラかがやく！すてきな女の子に

8つのルール

ルール1
いつでも明るく
笑顔で過ごす

ルール2
美しくていねいに
ふるまう

ルール3
身だしなみを
きちんと整える

ルール4
相手を思いやる
優しい心を持つ

ルール5
1日1日を
大切に過ごす

ルール6
勇気を持って
行動する

ルール7
感謝の気持ちを
忘れずに

ルール8
自分のことを
大切にする

4タイプ 性格診断テスト

あなたはどのタイプ？

今のあなたは、どんなすてきな女の子か診断してみよう！
当てはまるものすべてにチェックを入れてね。

- ☐ 負けずぎらいだ
- ☐ チャレンジしたいことがたくさんある
- ☐ 学校行事やイベントが好き
- ☐ 友だちの変化によく気がつく

- ☐ よく考えてから行動する
- ☐ まわりをよく見ている
- ☐ おっとりしているとよく言われる
- ☐ 集中力がある

- ☐ いつでも明るく元気いっぱい
- ☐ だれとでもすぐに仲良くなれる
- ☐ 人前に立つのが好き
- ☐ 昼休みは外に出て遊びたい

- ☐ しっかりしているとよく言われる
- ☐ めんどうみがいい方だ
- ☐ 決められたことをきちんと守れる
- ☐ 自分の意見をはっきり言える

診断結果発表

一番チェックの数が多いマークが、あなたの性格タイプだよ！ 自分のすてきポイントを見つけられたかな？

♥が一番多かったあなたは
みんなを引っぱる
リーダータイプ

責任感が強く、積極的に行動できるあなたはみんなをまとめる存在。なんでも前向きに楽しむことができる才能を持っているよ。

🎀が一番多かったあなたは
ふわふわ
マイペースタイプ

優しくて思いやりのあるあなたは、みんなのいやしの存在。自分の思いをしっかり持っていて、まわりに流されない強さがあるよ。

⭐が一番多かったあなたは
元気いっぱい
ムードメーカータイプ

いつも明るく元気いっぱい！ 親しみやすくてフレンドリーなクラスの人気者。あなたがいるだけでみんなが笑顔になっちゃう！

✨が一番多かったあなたは
しっかり
お姉さんタイプ

めんどうみがよくてしっかり者のあなたはみんなのあこがれの存在。きちんとした性格で、コツコツ努力ができるがんばり屋さん。

みんなから愛される！ すてきマナーBOOK もくじ

- ★マンガ　ドキドキわくわく！ 今日から小学5年生！……10
-       登場人物紹介……16

すてきマナーレッスン Part1
品のあるふるまいと 身だしなみですてき度UP！

- Lesson 1　自分もみんなもハッピーになれるあいさつをしよう！……18
- Lesson 2　あいさつがもっとすてきになる！ 表情のレッスン……20
- Lesson 3　ていねいなおじぎで自分の気持ちがきちんと伝わる！……22
- Lesson 4　きれいな姿勢をマスターしよう！……24
- Lesson 5　美しい歩き方で魅力度UP！……26
- Lesson 6　清潔感のある「身だしなみ」を意識！……28
- Lesson 7　規則正しい生活で心も体もすてきに！……30
- Lesson 8　サラツヤな髪ですてきオーラを手に入れよう！……32
- Lesson 9　おしゃれなヘアアレンジでかんたんイメチェン！……34
- Lesson10　「ていねい」に行動することを意識してみよう！……36
- Lesson11　みんなが気持ちよく過ごすための エチケットを身につけよう！……38
- Lesson12　持ち物にも気をつかってきちんと感を出そう！……40
- Lesson13　いざというときに困らない マストアイテムをそろえよう！……42
- Lesson14　学校で使うものを整理して すてき度UP！……44
- Lesson15　かわいくきれいに整えて すてきなお部屋を作ろう！……46

♥友だちといっしょにやってみよう！ 友情心理テスト……48

すてきマナーレッスン Part2
コミュニケーション力と すてきな言葉づかいで好印象をゲット！

- ★マンガ　コミュニケーションのコツが知りたい！……50
- Lesson16　話の聞き方をチェックしてみよう！……54
- Lesson17　聞き上手になるとコミュ力がUPする！……56
- Lesson18　「表情」と「あいづち」で聞き方美人になれる！……58
- Lesson19　ていねいな言葉づかいで相手を気持ちよく！……60
-       ポジティブな言葉でハッピーオーラ全開に！……62
- Lesson20　相手にきちんと伝わる話し方をマスターしよう！……64
- Lesson21　自分の意見をしっかり言えるようになろう！……66
- Lesson22　素直にあやまる勇気を持とう！……68
- Lesson23　上手な「断り方」を身につけよう！……70
- Lesson24　悪口は禁止！ 相手を思いやれるすてきな女の子になろう……72

Lesson25 友だちがたくさんできる！ 脱・人見知り作戦！………74

Lesson26 人前で話すのはコツをつかめば こわくない！………76

Lesson27 目上の人との上手な会話は「敬語」がカギ！………78

Lesson28 すてき女子は先生とのコミュニケーションもバッチリ！………80

♥ あなたの魅力がUPする！ カラー心理テスト………82

すてきマナーレッスン Part3

大人になってからも使える知識を身につけて さらにレベルUP！

★マンガ いつでもどこでもすてきな女の子になりたい！………84

Lesson29 きれいな字の書き方を身につけよう！………88

Lesson30 見やすいノート術で 成績がUPする！………90

Lesson31 時間を上手に使えると、毎日がキラキラする！………92

Lesson32 「スケジュール帳」と「やることリスト」で 充実した1日を過ごせる！………94

Lesson33 ルーティンを作って 時間を上手に使おう！………96

Lesson34 食事のマナーを覚えて「食べ方美人」をめざそう！………100

Lesson35 ポイントをおさえるだけで「食べ方美人」になれる！………102

Lesson36 おでかけ先で使える テーブルマナーを覚えよう！………104

Lesson37 「旬」を楽しむ すてきな感性を身につけよう！………106

Lesson38 好感度がUPするおしゃれを楽しもう！………108

Lesson39 シチュエーションに合わせた服装を選んですてき度UP！………110

Lesson40 およばれのマナーを身につけて 魅力UP！………112

Lesson41 公共のマナーを覚えて どんなときでもすてきに！………114

Lesson42 お手洗いのマナーを身につけて ワンランクUP！………116

Lesson43 体についてのいろいろなおなやみを解決しよう！………118

Lesson44 香水や制汗剤をつけるときの注意点を知ろう！………120

すてきマナーレッスン 番外編

ストレスと向き合う方法と SNSのルールを身につけよう！

★マンガ SNSの使い方を学ぼう！………122

Lesson45 ストレスと向き合って 毎日楽しく過ごそう！………126

Lesson46 スマホとメールの正しい知識を身につけよう！………128

Lesson47 SNSを正しく使って 友だち関係もハッピーに！………130

◆ いっしょに解決！ みんなのおなやみ相談室………132

♥ 血液型でわかる！ あなたのおまもりアイテム………137

★マンガ みんなですてきな女の子に…！………138

マンガの 登場人物紹介

あなたといっしょに「すてきマナーレッスン」を
がんばる仲間を紹介するよ。

明るくて元気いっぱいな性格。
コミュニケーションを取るのが
とても上手。友だちがたくさん
いる人気者。

高島 ほのか

••••••• **ほのかの目標** •••••••
ふるまいや仕草がすてきな女の
子になりたい！

おしとやかでひかえめな性格。
ふるまいや仕草がていねいで、
身だしなみもバッチリ。女の子
たちがひそかにあこがれている。

白河 りん

••••••• **りんの目標** •••••••
コミュニケーションが上手に取
れるすてきな女の子になりたい！

二人のクラスメイト

みゆ

もえ

担任の先生

すてきマナーレッスン Part 1

品のある ふるまいと身だしなみで すてき度UP！

ていねいで品のあるふるまいは、
すてきな女の子への第一歩。
身だしなみのポイントや
きれいな姿勢をマスターして、
上品なオーラを身につけよう！

Lesson 1 — Suteki Manner Lesson

自分もみんなもハッピーになれる あいさつをしよう！

元気よく笑顔であいさつをして1日をスタートしよう！

第一印象はあいさつで決まる！

あいさつは『すてき女子』への第一歩！

元気よくあいさつをすると、自分もみんなもハッピーな気持ちで1日をスタートできます。その後の気分にも関わるから、だれにでも笑顔で気持ちのいい、あいさつを心がけましょう！

自分から進んであいさつをしよう！

あいさつは、自分から先にするとすてきな印象になります。友だちと目が合ったら、ぜひ自分からあいさつをしてみてください。自分から話しかけるのが苦手な子も、小さな声でもいいので、友だちの近くに行ってあいさつをすることにチャレンジしてみましょう！

Part 1

品のあるふるまいと身だしなみですてき度UP！

あいさつをしてもらったら元気よく返そう！

あいさつを返してもらえないと、「何かしちゃったかな…」「きらわれちゃったかな…」と不安になってしまいます。あいさつをしてもらったら、笑顔で元気よくあいさつを返しましょう。

おうちの人にも元気なあいさつを心がけよう！

おうちの人にもきちんとあいさつができていますか？朝起きたら「おはよう」、学校に行くときは「いってきます」、家に帰ってきたら「ただいま」と必ずあいさつをしましょう。あなたの元気なあいさつで、おうちの人も気持ちよく過ごすことができます。

POINT

学校の帰り道や遊んでいるときに、ご近所さんを見かけたら、勇気を出して「こんにちは！」と自分から声をかけてみましょう。元気なあいさつをしてくれたらだれだってうれしいし、あなたの印象がグッとよくなることまちがいなし！

Lesson 2
あいさつがもっとすてきになる！表情のレッスン

明るい表情でフレンドリーな印象に！練習して身につけよう！

あいさつをするときの表情はとても大切！

しっかりしたあいさつができるようになったら、表情にも気をつけましょう。今よりもっとすてきなあいさつに見えるポイントを紹介します。

すてきな表情

目線
あいさつをするときは相手の目を見る。はずかしいときは、鼻のあたりを見るのがコツ！

目
目尻を下げて優しい表情を心がける。

口
口角の両端をキュッと上に上げてフレンドリーな印象に。

ほお
ほおを上げると自然な笑顔に。

NGな表情

口角が下がっていてムスッとした表情や、相手の目を見ないであいさつをするのは、「無愛想な子」という印象を持たれてしまいます。しっかり目を見て笑顔であいさつをすることを心がけましょう。

Part 1 品のあるふるまいと身だしなみですてき度UP！

笑顔のポイントは「目元」と「口角」

笑顔のポイントをチェックしましょう！　明るい笑顔は、自分もみんなも幸せな気持ちになるとっておきの魔法です。

目
目尻を下げると目が細くなって、優しい笑顔に。

口
口角の両端をキュッと上に上げると、自然なほほえみに。

おうちでやってみよう！　笑顔のレッスン

イーッ

「笑顔が苦手」「自信がない」という子もいるはず…。そんなときは、おうちで鏡を見ながら、口を横に広げて「イー」と言いながら口角を上げる練習をしましょう。はずかしがらずに、思い切りやるのがポイント！続けていくうちに自然と口角が上がるようになります。

Point
ほおの筋肉を上げることを意識すると効果的だよ！

021

Lesson 3 — Suteki Manner Lesson

ていねいなおじぎで自分の気持ちがきちんと伝わる!

相手に気持ちがしっかり伝わるおじぎをマスターしよう!

正しいおじぎのポイントを知ろう!

「語先後礼」で気持ちが伝わる

先に言葉を伝えてからおじぎをすると、きれいに見えます。これを「語先後礼」と呼びます。よりていねいで上品な印象を持ってもらえるので心がけてみましょう。

ありがとうございます

おじぎの1つ『会釈』を覚えよう!

会釈とは、軽く頭を下げてあいさつをすることです。おじぎの角度は、上半身を15度くらいかたむけます。先生や目上の人とすれちがったときや、目が合ったときに使いましょう。

022

きれいな姿勢でおじぎをしよう！

「なんとなく」でおじぎをするのはもったいない！
ポイントをおさえた美しいおじぎで気持ちを伝えましょう。

背筋をのばし、まっすぐに立つ。手は横でも前でもOK。

手を前でそろえ、腰から前にたおす。背中が丸くならないように注意。

元の位置に戻すときも、背中が丸くならないように、ゆっくりと起こす。

POINT

ヘアスタイルにも気を配れるとさらにGOOD！

おじぎをするときに髪の毛が顔にかかってしまうと、見映えがイマイチ…。下ろしている髪の毛は耳にかけたり、結んだりして、髪の毛がかからないスタイルにするなどの工夫をしましょう。

Lesson 4

Suteki Manner Lesson

きれいな姿勢をマスターしよう！

背筋をのばすと美しく見えるよ！いつでもきれいな姿勢を心がけよう！

まわりと差がつく「立ち方」と「座り方」

すてきな立ち方

立ち方がきれいな人は、とてもすてきに見えますよね。具体的にどんなポイントに気をつければきれいに見えるのかを紹介します。

顔
顔は正面に向け、目線はまっすぐ前に。あごを軽く引く。

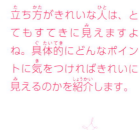

背筋
できるだけまっすぐに背筋をのばし、胸を張る。背中をそりすぎないように注意して。

手
手は指をそろえておなかの下のあたりに両手を重ねるか、体の両側に置く。

Point
左右の肩が同じ高さになるように、軽く下げるとキレイに見えるよ！

足
両足のつま先をそろえて、ひざをのばし、足に力を入れてまっすぐに立つ。

024

Part 1 — 品のあるふるまいと身だしなみですてき度UP！

すてきな座り方

座るときに、足を開いたままにしたり、背もたれにもたれかかったりするとだらしない印象に。立つときと同じように、背筋をのばすことを意識しましょう。

背筋・顔
おなかに力を入れて背筋をまっすぐにのばす。顔は正面に向け、あごを引く。

すわる位置
イスの背もたれからこぶし1つ分を開けて、背中がつかないように座る。

手
両手を重ねてひざの上に置く。指先をそろえるとGOOD！

足
両ひざの内側をぴったりと付けて両足をそろえる。足を組むのはNG！

POINT

イスに座るときのワンランクUPポイント！

スカートをはいているときにそのままイスに座ってしまうと、スカートがシワになって、座っている姿がだらしない印象に…。イスに座るときは、はいているスカートのうしろを手で押さえるようにします。そのとき、上半身が前にたおれすぎないように気をつけるとよりきれいに見えます。

Lesson 5

Suteki Manner Lesson

美しい歩き方で魅力度UP！

すてきな女の子は、歩く姿もきれい！ めざせ歩き方美人！

まわりと差がつく「美しい歩き方」

きれいな姿勢で、歩いている子を見ると、なんだかすてきだと思いませんか？ まわりからも一目置かれる存在かもしれません。あなたもそのような美しい歩き方を身につけてみましょう。

歩き方の基本

頭のてっぺんが天井から糸でつられている人形になったようなイメージで背筋をのばします。そうすると、背筋がまっすぐになって、あごも自然に引いている状態に。目線は遠くを見るイメージで、この姿勢をキープしながら歩いてみましょう。

026

Part 1

品のあるふるまいと身だしなみですてき度UP！

足音に気をつける

足を着地させるときに、「バタンバタン」と大きな音を出すと、なんだか品がない印象に。足を出したら、「かかとからつま先」の順番で地面に着地することを意識すると足音が立ちにくくなります。

まっすぐ歩く意識をする

頭の中で、自分が歩く道に1本の線を思いうかべてください。そして、その線の上を歩くように、足をクロスするイメージで運んでいきましょう。モデルさんのような、美しい歩き方ができるようになります。

POINT

まわりにも気配りできるともっとGOOD！

❌ Bad!

友だちと楽しく話しながらろう下や道を歩くとき、会話に夢中になりすぎて横に広がってしまっていませんか？もしかすると、他の人の通行のじゃまになってしまったり、体がぶつかってしまうかも。通路のはばの半分以上は広がらないように注意しましょう。

027

Lesson 6 ― Suteki Manner Lesson

清潔感のある「身だしなみ」を意識！

いつでもきちんとした身だしなみでいることが基本！

 自分の身だしなみをチェックしてみよう！

身だしなみチェックリスト

- ☐ 髪をきちんと整えている。寝ぐせもない。
- ☐ きちんと顔を洗い、はみがきもした。
- ☐ はみがき粉が口のまわりについていない。
- ☐ 服にシワやヨレがない。
- ☐ ボタンをしっかりとめている。かけちがえていない。
- ☐ ツメがのびすぎていない。
- ☐ くつ下がずり下がっていない。
- ☐ くつのかかとをふんでいない。

028

Part 1

品(ひん)のあるふるまいと身(み)だしなみですてき度(ど)UP！

好感度(こうかんど)UP！
すてきな身(み)だしなみのお手本(てほん)

きちんとして見(み)える一番(いちばん)のポイントは、清潔感(せいけつかん)！
どんなときでも身(み)だしなみがバッチリ整(ととの)っている
すてき女子(じょし)をめざしましょう。

髪(かみ)がきれいに
整(ととの)えられている

服(ふく)にシワや
よごれがない

くつもくつ下(した)も
きれいなものを
しっかりはいている

ツメがきちんと
切(き)りそろえられ
ている

029

Lesson 7 — Suteki Manner Lesson

規則正しい生活で心も体もすてきに!

自分に自信が持てると、いつでもキラキラオーラの女の子になれちゃう!

心が前向きになると自分に自信が持てる!

自分みがきの基本は食事とすいみん!

食事とすいみんはとても大切。いろいろな食材をバランスよく食べるように意識して、早寝早起きを心がけましょう。寝る前のスマホの使用は、ねむりが浅くなるのでできるだけひかえて、寝る前の1時間はスマホを使わないなどのルールを決めるのがおすすめです。

ポジティブな言葉を口にするクセをつけよう!

いつもポジティブな子には、キラキラしたオーラがありますよね。自分の得意なことやいいなと思うところをノートに書き出してみましょう。ノートに書いたことは全部あなたのすてきなところです。

苦手なことも「できないかも…」ではなく、「できる!」と口に出すと、自信が持ててうまくいきます。チャレンジした自分をほめてあげるともっと自分を好きになれるはず!

Part 1

品のあるふるまいと身だしなみですてき度UP!

 肌とツメのケアでキラキラUP!

つるすべ肌になれる お肌のケア

♥ 洗顔は、しっかり泡立てて。100円ショップなどに売っている「泡立てネット」を使うと、きめの細かい泡に。

♥ 洗い流すときは、お湯よりも5℃くらい低いぬるま湯ですすぐと、お肌が乾燥するのを防ぐことができます。

♥ ニキビができてしまったときは、触ったり、つぶしたりすると跡が残ってしまうので、絶対NG。早めにおうちの人に相談しましょう。

指先まで美しく! かんたんネイルケア

♥ ツメを切るときは、少しずつ形を見ながら切るときれいに整えられます。

♥ ツメやすりを使うと、ツメ切りで切るよりもきれいな仕上がりに。

♥ ツメみがきを使うと、マニキュアをぬらなくてもピカピカできれいなツメになります。ただし、やりすぎるとツメがうすくなってしまうので注意が必要です。

031

Lesson 8

Suteki Manner Lesson

サラツヤな髪ですてきオーラを手に入れよう！

きれいな髪で今よりもっと自分に自信が持てる！毎日のケアをがんばろう！

きれいな髪はすてきな女の子の基本！

毎日のヘアケアを習慣にすれば、髪がどんどんきれいになっていきます。ここではおうちでかんたんにできるケア方法を紹介します。

きれいな髪を作る洗い方・乾かし方

❶ブラシでとかして、髪についているホコリやゴミをとる。
❷ぬるま湯で髪の毛をぬらす。
❸泡立てたシャンプーを頭に乗せて、頭皮を洗う。
❹シャワーですすいだ後、トリートメントを手に取って髪になじませる。
❺最後にシャワーですすぐ。
❻タオルで髪の毛をはさんでトントンと叩くようにして水気を取る。
❼ドライヤーの温風でしっかり乾かしたら、冷風をあてる。

Part 1

品のあるふるまいと身だしなみですてき度UP！

寝ぐせのない髪できちんと感UP！

毎朝の寝ぐせで悩む女の子は多いものです。かんたんにできる寝ぐせ直しの方法を身につけましょう。

寝ぐせのなおし方

❶ 寝ぐせがついた部分を市販の寝ぐせ直し用ウォーター（水でもOK）などでぬらす。

❷ 寝ぐせがついた部分がしっとりするくらいになったら、ブラシやコームでやさしくとかす。

❸ とかしおわったら、ドライヤーの温風を当てて頭全体をしっかり乾かす。

どうしても寝ぐせをなおす時間がないときは、結んだり、ピンで止めたりして髪をまとめよう！

POINT

髪をゆるく結んで寝る

シュシュなどを使ってゆるく結んで寝ると、寝返りをうったときに髪がこすれていたんだり、からまったりするのを防ぐことができます。寝ぐせがつきにくくなる効果もあるので朝のじゅんびも楽になります。髪が長い子や、寝ぐせがつきやすい子におすすめです。

おしゃれなヘアアレンジでかんたんイメチェン！

Lesson 9 / Suteki Manner Lesson

おしゃれでかわいい髪型でイメージUP！ お気に入りのアレンジを楽しもう！

 前髪アレンジ集

前髪を少し変えるだけでも雰囲気が変わります。髪が短い子でもかんたん！

大人っぽくてかわいい♡ねじり前髪

❶ コームで前髪を左右に分ける。
❷ 毛束をそれぞれ左右にねじる。
❸ 耳の上の方までねじり、ヘアピンでとめる。

元気いっぱい★みつあみ前髪

❶ コームでみつあみをしたい髪の部分を集めて、左右の好きな方に寄せる。
❷ 毛束を3つに分けてみつあみする（難しかったらおうちの人といっしょにやってみよう）。
❸ 最後にゴムやヘアピンでとめれば完成。

Part 1 品のあるふるまいと身だしなみですてき度UP！

ヘアアレンジ集

かんたんにできてかわいいヘアアレンジを紹介します。

女の子らしさNo.1！ふんわりツインテール

❶ コームで髪全体を2つに分ける。
❷ 好きな位置で毛束を集めたらヘアゴムでふんわり結ぶ。
❸ お気に入りのヘアアクセをつけて完成！

おしゃれ度バツグン！ゆるっとみつあみ

❶ コームで髪全体を2つに分ける。
❷ 片方はヘアゴムで軽くとめておく。
❸ 毛束を3つに分けてゆるくみつあみをして、結ぶ。もう片方も同じようにして完成！

万能！かわいい！くるりんぱ

いろいろなアレンジに活用できる最強の「くるりんぱ」をマスターしよう！

❶ 1つ結びを作ったら、結び目を少し下げてたるませ、結び目の真上に小さい穴を作ります。
❷ 毛束を上から穴に通して、1回転させます。
❸ 毛束を2つに分けて持ち、穴のすきまが見えなくなるまで左右にぎゅっと軽く引っ張る。

くるりんぱを使ってハーフアップをすると、いつもよりおしゃれに見えるよ！

Lesson 10 — Suteki Manner Lesson

「ていねい」に行動することを意識してみよう！

ゆっくりな動作を意識して習慣にすれば、上品な印象に！

音を立てないようにするだけで、上品に見える！

いつもの行動をチェックしてみよう

- [ ] ドアを開け閉めするときに「バタン」と大きな音を立てている。
- [ ] 開けたドアを後ろ手で閉めている。
- [ ] 引き出しの開け閉めをするときに音が出るほど勢いよく行っている。
- [ ] 「バン！」と音を立てて物を置いている。
- [ ] バタバタとかけまわるように行動することが多い。

ていねいポイント

部屋の出入りをするときはドアを静かに開け、ドア側に一度向き直ってから閉めるとていねいです。引き戸の場合は、両手をそえて閉めましょう。ドアの開け閉めだけではなく、引き出しや物を置くときも、大きな音が出ないように注意。

Part 1

品のあるふるまいと身だしなみですてき度UP！

落ちついて見えるポイントは「ゆっくり」と「ていねい」

**バタバタしない！
時間によゆうを持って
行動しよう！**

時間によゆうがあると、あわてなくていいので、忘れ物や失敗が少なくなります。10分前にはすべてのじゅんびが終わっているように「10分前行動」を意識するなど、落ち着きにある上品なすてき女子をめざしましょう。

**「プラス3秒」で
ていねいに見える**

ランドセルからノートを取り出すときや、食器を運ぶときに、ひと呼吸置いて動いてみましょう。そうすることで、いつもよりていねいな印象になります。

POINT

学校で整列をするときや、そうじの時間はテキパキと動き、自分の身の回りのことをするときはゆっくり動くなど、メリハリをつけるともっとすてきに見えます。

037

Lesson 11 / *Suteki Manner Lesson*

みんなが気持ちよく過ごすためのエチケットを身につけよう！

なにげないしぐさにもマナーがあるよ。しっかり覚えておこう！

あくびとくしゃみのエチケット

エチケットはまわりの人への思いやり

ねむくて思わずあくびが出てしまうことや、友だちの前で「ハクション！」と大きなくしゃみが出てしまうこと、ありますよね？ そんなときに使えるエチケットを紹介します。

あくびが出そうなとき

授業中に「あくび」が出そうなときは、顔を横にするか、または下に少しかたむけてから、口元に手をそえてまわりの人に見えないようにしましょう。

くしゃみをするとき

口元に手をそえて。間に合いそうであれば、ハンカチをサッとポケットから出して、口元にそえると上品に見えます。

038

Part 1

品のあるふるまいと身だしなみですてき度UP！

物をわたすときのエチケット

両手でていねいにあつかう

物をわたすときは、必ず両手でわたしましょう。「物をていねいにあつかうことができる子なんだ」とすてきな印象になります。片手でわたすと雑に見えてしまうので注意してください。

相手への思いやりの気持ちを持つ

はさみをわたすときは、必ず刃先を自分の方に向けてわたしましょう。また、先生にノートやプリントを提出するときは、名前が相手に読めるように向きを変えてわたすとすてきな印象に。

POINT

両手を使うことを習慣にしよう！

つい片手でやってしまう動作も、両手を使ってできるようになれば、さらにすてきレベルがアップ！ まずは、食器を片づけるときにきちんと両手でもって運ぶことを意識してみましょう！

039

Lesson 12 — Suteki Manner Lesson

持ち物にも気をつかってきちんと感を出そう！

服装にプラスして、バッグをきれいにしておくと好印象に！

自分で考えて必要なものをそろえよう！

学校の日の持ち物

同じような持ち物が多い学校の日こそ、忘れ物がないようにチェック！

教科書・ノート
その日の学習に必要な分を入れます。予備のノートがあるとGOOD！

筆記用具
必要な文具をそろえます。中身の色みをそろえて統一感を出すとおしゃれに！

ハンカチ・ティッシュ
ハンカチは清潔なものを用意。ティッシュも必ず入れましょう。

本
スキマ時間に読書をすると知的な印象に。かわいいしおりをはさむと◎。

飲み物
中身は水かお茶にして、学校のルールを守って飲みましょう。

はみがきセット
給食の後は、歯をみがきましょう。エチケットとして欠かせないアイテム。

Part 1 品のあるふるまいと身だしなみですてき度UP！

おでかけの日の持ち物

用事や予定に合わせて、必要なものをそろえよう！ おでかけ先でもすてきな女の子になっちゃおう！

ハンカチ・ティッシュ
季節によってハンカチのサイズを変えるとGOOD！ きちんとたたんで入れましょう。

おさいふ
お金を使う予定があるときは、おうちの人に相談して、いくら持っていくか決めましょう。

身だしなみアイテム
身だしなみアイテムはお気に入りのポーチにまとめて持ち歩きましょう。

折りたたみ傘
急な雨に備えて入れておくと安心。天気予報をしっかりチェックしましょう。

ノート・ペン
いざというときにあると便利なアイテム。お気に入りのものをそろえましょう。

POINT

おでかけバッグの中身もきれいに整とんしよう！

バッグが大きいときは、バッグインバッグを使うと整理しやすくなります。

ステキなアイテムをそろえていても、バッグの中身がごちゃごちゃしていたら台無し！ きちんと整理して必要なものをすぐ取り出せるようにしましょう。

Lesson 13 — Suteki Manner Lesson

いざというときに困らない
マストアイテムをそろえよう!

すてき女子なら持っていたい！ マストアイテムと便利アイテムを紹介するよ！

すてきな女の子のマストアイテム

「マストアイテム」とは、「必ず持っておきたい持ち物」という意味です。
いつでも身だしなみを整えられるように、バッグに入れておきたいアイテムを確認しましょう。

コンパクトミラー

いつも身だしなみチェックができます。お気に入りのものを選んで。

ポーチ

細かいものをたくさん持ち歩く子は、ポーチにまとめて入れておく。

アルコールティッシュ・ハンドジェル

食事の前やちょっと手が汚れたときにあると便利。

ばんそうこう

応急処置ができるように、ポーチなどに数枚入れておくと安心。

ソーイングセット

洋服のボタンが取れたときや、糸がほつれたときにあると便利。

くし・ヘアゴム・ヘアピン

髪が乱れたときに持っていると、さっとヘアアレンジができちゃう。

リップクリーム・ハンドクリーム

くちびるや手の皮がむけたり、カサカサになる前に保湿しましょう。

042

Part 1 品のあるふるまいと身だしなみですてき度UP！

シチュエーション別の便利アイテムをおさえよう！

天気や気温、おでかけの目的によって必要なものは変わります。いつでも快適に過ごせるように、シチュエーション別に便利なアイテムを紹介します。

雨の日
ぬれたときのために、くつ下を1足バッグに入れておけば、すぐにはき替えられます。

暑い日
折りたたみできる帽子があると、暑さと日よけ対策に！長時間外にいるときは必須。

紫外線が強いとき
日焼け止めの種類はいろいろあるので、場所や時間帯にあわせて選びましょう。

冷ぼうがききすぎているとき
冷ぼうがききすぎて寒いときに、うすい生地のカーディガンがあると安心！

天気が変わりそうな日
雨がふりそうな日におでかけするときは、折りたたみ傘を必ず持っていきましょう。

買い物をするとき
エコバッグを持参すると便利。小さくたためるタイプがおすすめ。

POINT

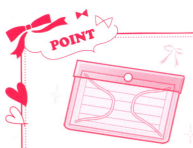

マスクケースを活用しよう！
インフルエンザなどの感染症対策や花粉の対策のために、マスクを持ち歩いて。マスクケースに入れておくと、清潔な状態で持ち歩けるのでおすすめ！

Lesson 14 — Suteki Manner Lesson

学校で使うものを整理して すてき度UP!

いつも身の回りが整っている、片づけ上手を目指しましょう！

毎日使うからこそきれいに整えよう

毎日使うものほどお手入れを忘れてしまいがち。
いつもきれいにして気持ちよく使いましょう。

お道具箱

自分のお道具箱をチェックしてみよう
- ❌ 全然使っていないものが入っている
- ❌ 古いプリントがたまっている
- ❌ 必要なものを取り出すのに時間がかかる

▼

よく使う必要なものだけを入れましょう。物を減らすだけで整理しやすくなります。クリップや予備の消しゴムなどの細かいものは小さなケースにまとめるのがおすすめ。

ロッカー

自分のロッカーをチェックしてみよう
- ❌ 立てて入れずに上に重ねてしまっている
- ❌ 使っていないものがたくさんある
- ❌ ひとつ物を取り出すと他のものも出てきてしまう

▼

ロッカーの中は、立てて収納すると取り出しやすくなります。ほこりがたまりやすいので、週に1回そうじをするのがおすすめ。

Part 1

品のあるふるまいと身だしなみですてき度UP!

ランドセル

自分のランドセルをチェックしてみよう

❌ プリントを直接入れている
❌ 消しカスやゴミが入っている
❌ 汚れがついたまま放置している

▼

ランドセルは6年間大切に使っていくものです。見た目も中身もきれいな状態を保てるように、定期的にタオルでふいてお手入れをしましょう。ランドセルにプリントを入れるときは、折れないようにファイルに入れるのがおすすめ。

学校から持って帰ってきたものは その日のうちに片付けよう!

プリント
おうちの人のサインが必要なものや提出日が決まっているものがあるので必ずその日のうちにわたしましょう。

うわばき
毎日使うからこそ、いつでも清潔な状態をキープしたいもの。毎週末に持ち帰って、おうちでしっかり洗いましょう。

体操服
その日のうちに必ず持ち帰って洗たくしましょう。汗をかいたままにしておくとにおいの原因になってしまいます。

給食袋
お箸セットなどは帰ってきたらすぐに片づけます。自分で使ったお箸セットは、おうちの人にまかせずに自分で洗えるとさらにすてきです。

045

Lesson 15 — Suteki Manner Lesson

かわいくきれいに整えてすてきなお部屋を作ろう!

自分の部屋をきれいに整えられると魅力がUPするよ!

きれいに整った環境だと勉強がはかどる!

自分好みにかわいく整えた机なら、やる気がアップすることまちがいなし!
整理整とんのポイントをチェックして、すてきな勉強机を作ってみましょう。

カレンダーや学校の時間割は、いつでも確認できるように見やすい位置に。

教科書や参考書は、取り出しやすいように立てて収納しましょう。

Point
かわいい柄のマスキングテープを使ってはると、壁にキズをつけずにオシャレにはれるのでおすすめ!

Point
教科ごとにファイルボックスに分けて入れるとわかりやすくなるよ!

好きなアイドルのグッズや雑貨など、お気に入りのものを机に置いて気分を上げましょう。

物の置きすぎには注意!
ペン立て、時計、デスクライトなど最低限のものだけ置くようにしましょう。

引き出しを開ければすぐに必要なものが取り出せるように、いつも整理整とんして入れるようにしましょう。

046

Part 1

品のあるふるまいと身だしなみですてき度UP！

洋服は大切に、きれいに収納！

クローゼットやタンスにたくさんものをつめこんでいませんか？　たたんだり、ハンガーにかけたりせずに入れてしまうと、大切な洋服がシワシワになってしまいます。よゆうを持った収納を心がけましょう。

POINT
クローゼットやタンスの収納のコツ

たたんだものは立ててしまう
Tシャツやパンツ類などは、それぞれをきれいにたたんでから、引き出しに立ててしまうと取り出しやすくなります。

シワになりやすい素材の服はハンガーにかけよう
シャツだけでなく素材によっては、Tシャツもシワになるので、たたむとあとが残りやすいものはハンガーにかけてしまいましょう。

アイテムごとに引き出しを分けよう
トップス、ボトムス、インナーとくつ下など引き出しごとにしまうアイテムを分けると、探しやすくなります。

クローゼットの整理日を決める
自分のペースでいいので「1週間に1回」「土日のどちらか」など、クローゼットを整理する日を作りましょう。

047

友だちといっしょにやってみよう！
友情心理テスト

Q 友だちを春、夏、秋、冬の季節に当てはめてみよう！
どの季節に何人書いてもOKだよ。

春
おだやかでやさしいイメージ

夏
いつも笑顔で元気いっぱいなイメージ

秋
大人っぽくてしっかり者のイメージ

冬
清楚で上品なイメージ

★診断結果はp82にあるよ！

すてきマナーレッスン Part 2

コミュニケーション力とすてきな言葉づかいで好印象をゲット！

すてきな女の子は、話の聞き方や伝え方、言葉づかいも完ペキ★ コミュニケーション力をUPさせて、みんなに好かれる人気者になっちゃおう！

Lesson 16

Suteki Manner Lesson

話の聞き方を チェックしてみよう!

いつもの自分の話の聞き方をふり返って見直してみましょう。

自分が相手の話をどんなふうに聞いているか、意識している子は少ないかもしれません。これからすてきな女の子になるために、自分の話の聞き方をチェックして見直してみましょう。

あなたはいくつ当てはまる? 話の聞き方チェック

💗 よそ見をせず、相手の目を見て聞いている。 ……………… Yes / No

💗 うなずいたりあいづちを打ったりして話を聞いている。 …… Yes / No

❤️ 相手の話に共感しながら聞いている。 …………………… Yes / No

💗 相手の話が自分の考えとちがっていても、否定せず聞いている。 ……
　　　　　　　　　　　　　　　　　　　　　　　Yes / No

❤️ 相手と比べると、自分が話している時間の方が短い。 …… Yes / No

💗 相手に話の結論を急がせずに最後まで聞いている。 ……… Yes / No

❤️ 相手が話しているときに、自分の話にすりかえない。 …… Yes / No

💗 自分の意見を言うときも、押しつけ調でなく言える。 …… Yes / No

❤️ 相手のいいところやがんばっているところをさり気なくほめる。 ………
　　　　　　　　　　　　　　　　　　　　　　　Yes / No

054

聞き方チェック診断結果

Yesの数が9個
あなたは完ぺきな聞き上手さん!
全部YESだったあなたはみんながあこがれる聞き方美人！話を聞くときの表情に気をつけたらカンペキ！

Yesの数が5〜8個
あなたはいい感じの聞き上手さん!
YESの方が多かったあなたの話の聞き方は平均点以上！NOだったところが出来るようになればすぐに聞き方美人になれるよ！

Yesの数が4個以下
あなたは聞くことが少し苦手かも…
NOの方が多かったあなたは、上手に人の話を聞けていないかも…。p56〜59のポイントを意識して、できるところから少しずつ取り組めば聞き方美人に近づけるよ！

こんな聞き方はNG

話をさえぎる

相手が話している途中で、どうしてもがまんできなくなり話を変えてしまったことはありませんか？ そんなことをされたら、相手は話す気がなくなってしまいます。

ちがうことをしながら聞いている

相手が話しているのに、スマホをさわっていませんか？ どうしても返信したいときは、「返信してもいい?」と相手にひとこと伝えましょう。

Lesson 17 — Suteki Manner Lesson
聞き上手になるとコミュ力がUPする！

友だち関係がうまくいく話の聞き方のコツを紹介するよ！

コミュ力ってなんだろう？

人と人とのやり取りで、相手の伝えたいことを理解する力や、相手に自分の気持ちを伝えられる力をコミュニケーション力（コミュ力）といいます。

聞き上手になるためのコツは相手の気持ちによりそうこと！

「聞き上手」というのは、相手が話していることに対して興味を持って聞けて、相手がスムーズに話せるようにしてくれる子のことです。聞き上手になると、またこの子に話したい！聞いてもらいたい！と思ってもらえます。

「わかる！」で相手の話に共感しよう！

話を聞いて共感したときは、「わかる！」「私も！」と言葉にして伝えてあげましょう。相手も「わかってくれてうれしい！」という気持ちになって、会話がもっとはずみますよ。

056

Part 2 コミュニケーション力とすてきな言葉づかいで好印象をゲット！

魔法のワードは「さ・し・す・せ・そ」

相手の話を聞きながら「さ行」の言葉を上手に使うと、会話がはずんで、相手との距離も近くなります。どう返せばいいか、どんな反応をしたらいいかわからないときにも使える便利なワードなので、ぜひ覚えておきましょう。

「さ」……さすが！
「し」……知らなかった！
「す」……すごいね！
「せ」……センスあるね
「そ」……そうなんだ！

複数の人と話すときはまわりを意識しよう！

3人以上の会話で聞き手になったときは、1人だけに注目しないで、まわりの人にも気を配りましょう。話したそうにしている子や、会話にうまく入れない子がいたら、「〇〇ちゃんはどう思う？」と聞いてあげると、その子も会話に入りやすくなります。

Lesson 18

Suteki Manner Lesson

「表情」と「あいづち」で聞き方美人になれる！

あいづちや表情のコツを身につけてさらにコミュ力を UP しよう！

思わずあなたに話したくなる！ 聞き方のコツ

ここでは聞き方美人がさりげなくやっている
とっておきのコツを3つ紹介します。

相手の言葉をくり返しながら話を聞く

「遊園地に行ったの」
「遊園地？ いいな〜」
と、相手の言葉をくり返すと、話を聞いていることが伝わります。

相手の話し方に合わせる

相手の話すスピードやテンポを合わせると、「話しやすい！」「聞いてくれてる！」という印象を持ってもらえます。

相手の話を否定しない

相手の話は、否定しないこと。「でも」「だって」という言葉を使うと、否定しているように聞こえるので注意！

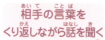
聞き方美人は「表情」と「あいづち」を上手に使える！

聞いているときの「表情」にも気をつけてみよう

友だちの話が面白かったときは、ニコニコの笑顔。真けんな話をしているときは、聞く方も真けんな顔で聞きましょう。相手と表情を合わせることで、話している人は「ちゃんと聞いてくれてる！」と安心できます。

058

「あいづち」を上手に使えると聞き方美人に！

「聞いているよ!」の合図で話しやすい空気が作れる！

あいづちは、「あなたの話を聞いてますよ！」という意思表示。相手が話しているときに、「うんうん」や「そうなんだ！」と反応して、話しやすい空気を作ることを心がけて。

聞き方美人が使っている！「あいづちワード」

相手の話を聞いていることを表すとき →	「はい」「うんうん」
相手の話に共感したとき →	「わかる」「私も」「そうだね」
相手の話におどろいたとき →	「本当に?」「それはすごいね」「びっくり!」
相手の話をさらに聞きたいとき →	「それでどうなったの?」「もっとくわしく教えて!」「気になる!」

＊「ウソでしょ？」「信じられない！」などの否定的な表現は、言いかえると相手にもやさしく伝わります。
「ウソでしょ？」 ➡ 「本当？」

多すぎるあいづちは逆効果！

1文ごとに「うんうん」「たしかに」を連発していませんか？　多すぎるあいづちは、逆に相手の話をさえぎってしまうかも。相手の様子を見て、じゃまにならないタイミングを意識しましょう。

Lesson 19

ていねいな言葉づかいで相手を気持ちよく！

言葉づかいに気をつけて、上品ですてきな女の子をめざそう！

言葉づかいは心づかい！

言葉づかいには、「その人の人柄が表れる」といわれています。正しくていねいな言葉を使うと相手は「大切に接してもらえている」とうれしくなるもの。一生使えるきれいな言葉づかいを、いっしょに学びましょう。

言葉づかいの3つのポイント

「私」と言おう
大人になると、一人称は「私」を使うのが一般的です。自分の名前や「うち」を使っている子は、くせになる前に、意識して「私」を使うようにしましょう。

使い分ける
目上の人や先生と話すとき、話の最後には必ず「〜です」「〜ます」を使います。話す相手に応じて使い分けできると、よりすてきな女の子に見えますよ。

省略しない
「了解」を意味する「り」や「ああ、なるほど」を意味する「あーね」などを使うのは、すてきとはいえません。だれでもわかる会話を心がけましょう。

060

ログセを直すことも意識しよう

自分がよく使っている言葉づかいをふり返ってみましょう。ていねいな言葉や前向きな言葉に言いかえられるものは、日ごろから意識してなおすように心がけてください。自分がよく使っている言葉がわからないときは、友だちやおうちの人に聞いてみるのがおすすめです。

こんな言葉に言いかえられるよ

超おいしいね！
↓
とてもおいしいね！

「超〇〇！」をよく使う子は多いと思いますが、あまりていねいな印象ではありません。「とても」に変えるだけでも上品ですてきな印象になります。

今日のご飯は
オムライス**で**いいよ
↓
今日のご飯は
オムライス**が**いいな

「〇〇でいいよ」と答えると、「仕方なく選んでいる」「上から目線」のような印象を与えてしまいます。「〇〇がいい」のように「で」を「が」に変えるだけで、相手に与える印象も変わるので、気をつけてみましょう。

ポジティブな言葉を口にするといろんなことがうまくいく！

「がんばってみる」「できる」「楽しい」などの前向きな言葉を口に出すと、気持ちも明るくなり、本当にできるようになります。逆に、「私なんて」「無理」などのネガティブな言葉は、自信がなくなってあなたが持っている力を出せなくなってしまうので、ポジティブな言葉をどんどん口にするようにしましょう！

ポジティブな言葉でハッピーオーラ全開に!

ネガティブな言葉をポジティブな言葉に言いかえれば、プラス思考になれる!

普段から「私なんて……」「どうせ無理」など、ネガティブな言葉を多く使っていると、気持ちが後ろ向きになってしまいがち。本来の自分の良さが出せるように、ポジティブな言葉に言いかえてみて!

ポジティブな言葉を使うと、考え方も前向きに変わる!

✕	→	GOOD!
「忙しい」	「今日はやることがたくさん!」	GOOD!
「苦手〜」	「得意じゃないけどがんばってみよう」	GOOD!
「疲れた……」	「今日はよくがんばった。自分をほめよう」	GOOD!
「どうせ私なんて……」	「私なりによくできた! えらい!」	GOOD!
「失敗ばかり……」	「失敗は成功のもと。次こそがんばろう」	GOOD!
「もう無理」	「できるところまでがんばってみよう!」	GOOD!
「めんどくさい」	「早く終わらせれば、楽しいことが待ってる!」	GOOD!

Part 2 コミュニケーション力とすてきな言葉づかいで好印象をゲット！

見方を変えれば短所が長所になる！

短所		長所
× 行動がゆっくり	→	ていねい ◎
× 神経質	→	きちょうめん ◎
× おせっかい	→	めんどうみが良い ◎
× おしゃべり	→	話し上手 ◎
× せっかち	→	テキパキ行動できる ◎
× 心配性	→	慎重 ◎
× わがまま	→	自分に正直 ◎
× おとなしい	→	おだやか ◎
× がんこ	→	意志が強い ◎
× うるさい	→	元気がある ◎

短所だと思っていたことも、
ポジティブに考えるとすてきな長所に大変身！
自分や友だちのいいところを
たくさん見つけよう！

063

Lesson 20

Suteki Manner Lesson

相手にきちんと伝わる話し方をマスターしよう！

話すスピードや伝え方のコツを身につけてコミュ力を上げよう！

「伝える」から「伝わる」話し方にレベルUP！

自分の伝えたいことを相手にちゃんと理解してもらえることが「伝わる」ということ。話すときのスピードと、何を伝えたいのかをはっきりさせることを意識してみましょう。

『伝わる』には聞き取りやすいスピードが大切！

伝えたいことを上手に伝えられる人は、相手の目を見て、ゆっくりとしたテンポで話しています。早口だと相手は聞き取るのが難しいのです。話すときの早さの目安は、アナウンサーの人の話すスピードを参考にするのがおすすめです。

064

Part 2 コミュニケーション力とすてきな言葉づかいで好印象をゲット！

一番伝えたいことを最初に言おう！

相手にわかりやすく伝えるためには、話す順番が大切です。最初に結論から話すようにすると、相手はその後の説明が頭に入りやすくなります。結論→理由→もっとくわしく伝えたい内容の順番で話すように心がけましょう。

NG! こそあど言葉をたくさん使う

「これ、ちょうだい」「あれ貸して」など、「これ」「それ」「あれ」「どれ」をたくさん使った話し方は、相手からするとちょっとわかりにくいかも…。こそあど言葉は便利ですが、使いすぎは注意。

NG! 区切らずに話し続ける

自分の話したいことがたくさんありすぎて、区切らずに話し続けると、相手は「何だっけ？」となりがちに。伝えたいことは、あるていどのところで区切って話すように心がけてみましょう。

POINT 友だちに注意するときの上手な伝え方

命令口調で「〇〇して！」と言うと、ケンカの原因に。「いっしょにやろう！」と伝えると、相手も素直になって注意を受け入れやすくなります。相手の気持ちによりそって、言葉を選べるようになるとすてき度がUPします。

わかりやすく伝えるためには、話す前に頭の中で「何を話すか」を整理してから話すようにしてみよう！

Lesson 21
Suteki Manner Lesson
自分の意見をしっかり言えるようになろう!

勇気を出して意見を伝えることができれば、自分の自信につながります。

 上手な意見の伝え方を覚えよう!

相手を否定せずに意見を言おう!

友だちと話していると、意見がちがうことがありますよね。そんなときは、はじめに友だちの意見のいいところを伝えてから、自分がその意見のちがうと思うところを伝えましょう。その後に、自分の意見を言えると上手に伝わります。

「私はこっちがいいと思う!」

上手な意見の伝え方

「私は、○○について△△だと思います(と考えます)。理由は、①〜、②〜、③〜だからです」という流れで話しましょう。

① 私はAがいいと思う!

② 理由は…

066

Part 2 コミュニケーション力とすてきな言葉づかいで好印象をゲット！

冷静に自分の意見を言えるようにしよう

友だちにイヤなことをされたときは、がまんせずイヤだという気持ちを伝えましょう。ただし、イライラした感情をそのままぶつけるだけでは、上手に気持ちが伝わりません。深呼吸をして心を落ち着かせてから、「私はそういうことをされると悲しいからやめてほしい」「自分がされたらどう思う？」と冷静に伝えるようにしましょう。

自分の本当の気持ちを伝えることが大事！

「ピアノを習いたい！」「塾が大変…」などやりたいことや、思っていることがあるときは、勇気を出しておうちの人に伝えてみましょう。自分の気持ちや本気度が伝われば、おうちの人もあなたの意見をサポートしてくれるはずです。

POINT

無理に相手の意見に合わせたり、自分の本当の気持ちをおさえて何も言わなかったりするのは、自分のためにも、相手のためにもなりません。どんなときでも、こわがらずに自分の意見を言うことができるかっこいいすてき女子を目指しましょう！

067

Lesson 22

Suteki Manner Lesson

素直にあやまる勇気を持とう！

悪いことをしたと思ったら、すぐに気持ちを伝えることがポイントです。

自分から「ごめんなさい」と言って仲直りしよう

友だちとケンカをしたとき、自分に原因があるとわかっていても、なかなかあやまれないことはありませんか？ 気まずいままでは、学校生活も楽しくないので、素直になって、自分からあやまれる人になりましょう。

あやまりたいと思ったら、すぐに行動しよう！

友だちにあやまるのがおそくなると、どんどん時間がたって、ますます気まずい雰囲気になってしまいます。「あやまりたい」と思ったら、「早め」に行動することが大事です。

手紙で気持ちを伝えてもOK！

どうしても言いにくいときは、手紙を書いてわたすのもひとつの方法です。レターセットに、素直な気持ちを書いて「お手紙を書いたので読んでください」とわたしても◎。

Part 2 コミュニケーション力とすてきな言葉づかいで好印象をゲット！

気持ちがちゃんと伝わる すてきなあやまり方

あやまるときははずかしがらずに、自分の正直な気持ちを出しましょう。

相手の目を見て伝えましょう。うつむいたままや、目をそらしながらでは気持ちが伝わりません。

相手に聞こえる声で伝えましょう。ボソボソと小さい声では聞こえないのでNG。

こんなあやまり方はNG

そんなつもりじゃなくて…

言いわけが多い

ヘラヘラとした表情で「この前はごめん！ そんなつもりじゃなかったんだ」と言いわけをしてあやまるのはやめましょう。ふざけているように見えると、友だちに気持ちは伝わりません。

他の友だちに頼んで伝えてもらう

自分では伝えにくいからといって、他の友だちにたのんであやまってもらうのはやめましょう。自分の行動の責任は、必ず自分でとりましょう。

Lesson 23
Suteki Manner Lesson
上手な「断り方」を身につけよう！

友だちを傷つけずに断れるように上手な伝え方を身につけましょう。

「ひとこと」プラスで自分も相手も気持ちのいいやりとりに！

きらわれるのではないかと不安になり、友だちからのさそいをなかなか上手に断れないということはありませんか？ 相手にきらわれない「上手な断り方」を身につければ、友だちとのきずながグッと深まります。

まずは「ありがとう」から

「さそってくれてありがとう。実はその日、○○があって…」のように、まずは声をかけてくれたことに感謝を伝えてから、断る理由を言いましょう。

次につながる言葉を伝える

断る理由を伝えた後に、「またさそってくれるとうれしいな」「次は行きたいな」など、次につながるひとことをそえてみましょう。そうすれば、友だちもまたさそいやすくなるはずです。

070

Part 2 コミュニケーション力とすてきな言葉づかいで好印象をゲット！

断る理由はていねいに

友だちからのさそいに、理由をはっきり言わないことで「どうして？」と聞かれたり、「私のこと、さけてる？」と疑われたりしたことはありませんか？ さそいを断ったことで雰囲気が悪くならないためにも、相手にはきちんと理由を伝えましょう。

こんな断り方はNG

✗ 「えーと、えーと…」と「あの…その…」といった言葉でやりすごそうとする。

✗ 相手を目の前にしたはいいものの、何を話していいかわからず何も言わないままでいる。

POINT

友だちのさそいを断ってしまった後は、次のさそいを待つだけではなく、自分から友だちのことをさそってみましょう。
「こないだは、せっかくさそってくれたのに行けなくてごめんね。今度の土曜日いっしょに遊びたいなって思っているんだけど、〇〇ちゃんの予定はどうかな？」
などと声をかけてあげるとGOOD！ さそってくれた友だちもうれしい気持ちになるはずです。

071

Lesson 24　*Suteki Manner Lesson*

悪口は禁止！相手を思いやれる すてきな女の子になろう

悪口は相手を傷つけるだけではなく自分も損します。今すぐやめましょう。

悪口はだれも幸せになれない！今すぐやめよう！

ウケる！

あの子ってさ…

ヤバすぎ！

小さなトラブルはつきものとはいえ、その人のいないところでヒソヒソとうわさ話をしたり、相手をチラチラ見ながら笑ったりなどの行動は、その人をひどく傷つけています。悪口にいいことなんてひとつもないのです。

悪口を言うデメリットを知ろう

その1
「裏表がある」と見られて まわりの人から信頼されなくなる

その2
だれかを傷つけてしまう

その3
悪口を楽しむ仲間しか 寄ってこなくなる

その4
きらわれやすくなり、 友だちがはなれていく

Part 2 コミュニケーション力とすてきな言葉づかいで好印象をゲット！

相手の気持ちを考えられる人になるために、悪口を上手に切りぬけよう！

その場に流されるように、「そうなのー?」と話の中心に入って盛り上がったりするのはNG。話を聞いてもあいづちをしたり、意見を言ったりしないようにしましょう。

その人の前で話せない内容を、その人がいないところで話すのはやめましょう。「〇〇ちゃんいないからその話はやめよう」ときっぱり伝えて大丈夫です。

あなたは大丈夫？ もしかしたら相手を傷つけているかも…

何気なく言った言葉が相手を傷つけているかもしれません。相手の気持ちをしっかりと考えた発言や行動を心がけましょう。

1つでもあてはまったら注意しよう

- □ 人が好きなものを否定する
- □ 前向きにがんばっている同級生を見て「はりきりすぎ。うざい」などと言う
- □ うわさ話が好き
- □ 人の容姿の話をよくする
- □ その人を見ながらコソコソ話す

自分が言われたらどんな気持ちになるかを考えてみよう。

073

Lesson 25 — Suteki Manner Lesson

友だちがたくさんできる！
脱・人見知り作戦！

自己紹介とコミュ力UPのコツをつかめば、仲良しの友だちがたくさんできるよ！

印象がUPする自己紹介のコツ！

その1
呼んでほしいあだ名がある人は、「○○って呼んでくれるとうれしいです！」と伝えましょう。

その2
・好きなアイドル
・好きなゲーム
・趣味や習い事
などの自分が好きなことや得意なことを伝えると共通点が見つかります。「外で遊ぶのが好きなので、昼休みにいっしょに遊んでください！」と言うと会話のきっかけになります。

その3
苦手な科目を使って、「算数が苦手なので、得意な人教えてください！」と伝えると、その教科が苦手な人とも得意な人とも会話のきっかけが作れます。

その4
自己紹介の最後に、「よろしくお願いします」「いつでも話しかけてね」と伝えられるとGOOD！

074

Part 2

コミュニケーション力とすてきな言葉づかいで好印象をゲット！

すぐにできる！コミュ力UPの3か条を習得しよう！

1. 相手の名前を呼ぼう

いきなり「ねえねえ」と話しかけずに、相手の名前を呼んであげましょう。お互いに名前で呼び合えば距離が近くなります。

2. 興味のあることに加わってみよう

はやっているものや興味があるものの会話に、積極的に参加しましょう。会話が盛り上がりやすいので、仲間の輪が広がります。

3. 自分と相手と共通点を見つけよう

コミュ力が高い人は、人との共通点を探すのがとても上手！自分と共通点がある子を見つけたら、話しかけてみましょう。

勇気を出して話しかけてみよう！

困っている人がいたら、迷わず声をかけよう！

誰かが困っていたら、「大丈夫？」と声をかけてみましょう。大変そうなら自分から手伝ってあげられるとさらにGOOD！

相手の得意なことをきっかけに声をかけてみよう

授業やクラブ活動で、友だちの得意なことやすごいなと思う部分を見つけて、声をかけてみましょう！「すごいね。私にも教えて！」とコツを聞いてみるのも◎。

NG！ 話の話題はきちんと選ぼう

「悪口」「自分や人のコンプレックス」など、ネガティブな話題に乗るのは絶対にダメ。みんなが楽しくなる話題にしましょう。

Lesson 26

Suteki Manner Lesson

人前で話すのは コツをつかめば こわくない！

発表するときのポイントを身につけて苦手を克服しよう！

自分の発表を見直してみよう！

かんたんなポイントでも、意外とできていないことも。
自分の発表を思い出して、あてはまらないか確認してみましょう。

原稿を見すぎている・ずっと下を向いている

ずっと下を向いてばかりでは、声が小さくなり、後ろの席に座っている子まで聞こえていない可能性が！ できると思ったタイミングで、少しでも顔を上げて発表できるといいですね。

はずかしくてモジモジしている

人前に立つ不安な気持ちから、緊張してモジモジしてしまうことはないですか？
深呼吸をして心を落ち着かせて、まっすぐ立つことを意識しましょう。

076

Part 2

コミュニケーション力とすてきな言葉づかいで好印象をゲット！

苦手を克服！
人前で発表するときのポイント大公開！

クラスの前でも堂々と発表できるように、伝え方のコツを教えます。

うまくいく姿を想像する

自分が上手に発表している姿を想像してみましょう。成功したときをイメージすると、「できるかも！」と思えます。

動画をとってセルフチェック

自分が発表している姿の動画を、おうちの人に頼んで撮ってもらいましょう。自分の話すスピードや声の大きさを客観的にチェック！

ゆっくり話す

みんなの前に立つと、ドキドキして話すスピードが速くなってしまいます。いつもより「ゆっくり」「はっきり」を心がけましょう。

ときには思いこみも大事！

頭の中でクラスのみんなを「野菜や果物」だと思うようにするのもひとつです。野菜や果物を目の前に自分が話していると思えば、少し気が楽になるはずです。

失敗したってOK！
そんなときこそ笑顔で！

たくさん家で練習しても、本番でまちがえることはだれにだってあります。だから失敗したって大丈夫！そんなときこそ笑顔で！場数をたくさんこなしているうちに、必ず上手になります。

Lesson 27
Suteki Manner Lesson
目上の人との上手な会話は「敬語」がカギ！

きちんとした言葉づかいを身につけて、まわりと差をつけちゃおう！

親しき仲にも礼儀あり！

どんなに仲が良くても先生には敬語がマスト！

先生などの目上の人と話すときは「敬語」を意識しましょう。先生と仲がいいことは、すばらしいですが、「教える側」と「教えてもらう側」という立場のちがいがあります。立場をふまえて敬語が使える人は、一目置かれるはずです。

敬語を使った話し方のコツ

- 返事は「はい」「いいえ」で答えることと、語尾に「〜です」「〜ます」をつけること。この２つだけ意識できれば、基本的に大丈夫！

- 語尾をのばすくせがある人は注意！「ありがとうございます〜」などとのばさないようにしましょう。

078

Part 2 コミュニケーション力とすてきな言葉づかいで好印象をゲット！

しっかり使い分けよう！

友だちとは「〜だよね」「うん！そうそう」と気さくに話す間柄でも、友だちのお父さんやお母さんとはきちんと切りかえて！何回か会って友だちの家族と親しくなっても、敬語を使うのが礼儀です。

これから敬語を使う機会はどんどん増える！

中学生になると、先輩と話すときに「敬語」を使います。今から少しずつ勉強しておくと、敬語でのコミュニケーションが上手に取れて、先輩と仲良くなれることまちがいなし！

Lesson 28 *Suteki Manner Lesson*

すてき女子は先生との コミュニケーションもバッチリ！

好印象を持ってもらうために、学校生活の態度を見直してみましょう。

こんなことしてない？ 授業中のNG行動をチェックしよう

真剣に授業に取り組み、態度もバッチリなのがすてき女子。ここでは、自分の授業中の態度をふり返ってNGな行動をしていないかチェックしましょう。

NG行動 その1

授業を聞かずにとなりの席の子と話したり、クスクスと笑い合ったりしていたら、先生はどんな気持ちになるでしょう？人が話しているとき、自分が相手の方を見てきちんと話を聞けているかチェックしてみましょう。

NG行動 その2

人の話を聞くときに足を組んだり、ほおづえをついていたりしていませんか？大きな口を開けてあくびをするなどもNGです。文房具をいじる、髪の毛を触るなどの行動も、相手に「自分の話がつまらないのかな」と思わせてしまうのでやめましょう。

Part 2 先生との上手なコミュニケーションの取り方を知ろう！

コミュニケーション力とすてきな言葉づかいで好印象をゲット！

大切なことはメモする

話を聞いている中で大切だと思った内容は、メモを取っておきましょう。

質問があるときは、都合を聞いておく

授業中わからなかったことを聞きたいときや、アドバイスがほしいときは「先生に質問したいことがあります。いつ聞きに行ってもいいですか?」と確認します。ノートと筆記用具を持って行きましょう。

先生の話をしっかりと聞く

話の内容を理解するためには、最後までしっかりと聞くことが大事です。うなずいて「聞いています」という合図ができるともっとGOOD！

POINT

うまく伝えられるか心配なときは？

話して伝えることに苦手意識があるなら、最初に「メモ」を用意しましょう。わかりやすいように短めに書いておき、それを見ながら話せば、伝え忘れることも防げるはずです。

あなたの魅力がUPする！ カラー心理テスト

Q リボンを使ってキーホルダーを作ったよ！ あなたが思い浮かべたのは何色のリボン？

診断結果 このテストでわかるのはあなたのオーラの色！

リボンの色は、あなたのオーラの色だよ。オーラの色は、あなたにパワーをくれる色！ その色を持ち物に取り入れたり、身につけたりすると、勉強も恋も友情もうまくいってハッピーになれるよ！

P48の診断結果 このテストでその子ともっと仲良くなる方法がわかるよ！

春… 毎日あいさつをして、休み時間に会話する回数を増やしてみよう！
夏… 好きな音楽や本の話題で話しかけると盛り上がるよ！
秋… 将来の夢を語り合うときょりがグッと縮まるよ！
冬… 勉強の話題がカギに！ いっしょにテスト勉強をするのもいいかも！

すてきマナーレッスン Part 3

大人になってからも使える知識を身につけて さらにレベルUP！

もっとすてきな女の子になるために
知っておいてほしい知識や
マナーを紹介するよ。
しっかり身につければ、
みんなのあこがれに
なれることまちがいなし！

Lesson 29 — Suteki Manner Lesson

きれいな字の書き方を身につけよう!

字はその人の内面を表します。どんなときでも心をこめて字を書きましょう。

姿勢とえんぴつの持ち方を意識しよう

ていねいに書くことを心がけよう

「字は人を表す」といわれます。きれいな字が書けると「かしこい」という印象を持ってもらえます。ノートを見直すときにわかりやすくなるので、勉強もはかどります。まずは、背筋をのばして座り、利き手と反対の手でノートをしっかり押さえて書くことから始めましょう。

えんぴつの持ち方

人差し指にそうように持ち、残りの指をふんわりとじます。

横から見て60度、前から見て外側に20度くらいの角度で持ちます。

親指、人差し指、中指の3本の指で軽く持ちます。

Part 3

大人になってからも使える知識を身につけてすごくでしょ♪♪！

きれいな字を書くためのコツを覚えよう！

丸文字やカクカク文字のようにくせが強い字は、他の人からは読みにくいかも…。トメ・ハネ・ハライをきちんとしている字を書くように心がけましょう。

美文字ポイント

字のすき間をなるべく均等にする

日 目 囲 言

線が何本も並ぶときには、線と線の間の空間をなるべく均等になるように意識すると、きれいに見えます。

漢字を大きく、ひらがなを小さめに書く

楽しい遠足

少し小さめに

文章を書くときは、ひらがなを漢字よりも少しだけ小さく書いて、文字に大小をつけると全体的にスッキリときれいに見えます。

Point

たて書きのときは「文字の横幅」、横書きのときは「文字の高さ」をそろえることを意識するとバランスよく書けます。

089

Lesson 30 — Suteki Manner Lesson
見やすいノート術で成績がUPする!

だれが見てもわかりやすいノートの取り方のコツを紹介します。

わかりやすいノートを書くためのコツをおさえよう!

大事なポイントをしぼって書く
ノートは、見返したときに、わかりやすいことが一番大切。「大事だな」と思ったところを重点的に書くようにしましょう。

ルールを決めて書く
「見出し」「問題」などの役割別の文字の大きさや使う色を決めて、自分なりの「ノートのルール」を決めましょう。

記号を使う
わからないところには「?」、先生が強調していたところには「!」など、自分で決めた記号をノートに書き込みましょう。

POINT
ノートを取るときに気をつけること
ていねいにノートを書くことばかりに集中してしまい、授業が全然頭に入らないのは意味がありません。大事なのは授業を理解すること。ノートを書くことに集中しすぎないようにしましょう。

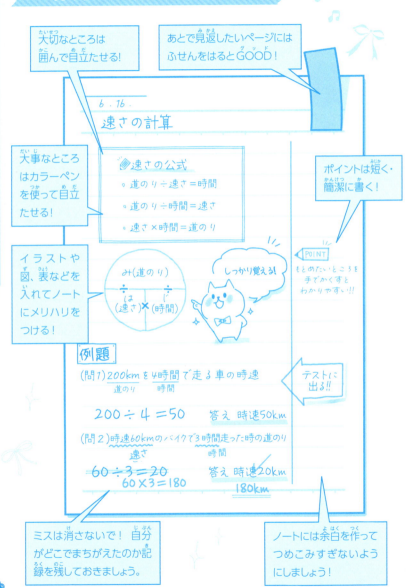

Lesson 31

時間を上手に使えると、毎日がキラキラする!

時間の管理の仕方は大人になっても役に立つ！しっかり身につけよう！

時間を上手に使うための4つのポイントを覚えよう！

平日は学校、休日は習い事やおでかけなど、毎日イキイキと活動している子を見るとあこがれますよね。時間を上手に使えば、あなたも充実した毎日を送れるようになれるかも！

Point 1　1日のスケジュールを立てる

やるべきことを手帳やメモ帳などに書き、大事な用事を忘れないようにしましょう。

Point 2　優先順位をつける

先にやらないといけないことは何かをしっかり考え、あらかじめ順番を決めておくとラクになります！

Point 3　時間設定をしよう

長時間やりがちなゲームの時間を、1日30分以内にするなど、自分なりのルールを決めましょう。

Point 4　スキマ時間を使う

「スキマ時間」を見つけて上手に活用しましょう。1日5分でも、積み重ねれば大きな違いに！

Part 3 大人になってからも使える知識を身につけて さらにレベルUP!

1日のスケジュールの立て方をマスターしよう！

時間を上手に使うための4つのポイントの中で、おすすめしたいのが「1日のスケジュールを立てる」こと。やるべきことや、1日の流れがすぐにわかるようになります。

学校がある日の1日のスケジュール

時間	予定	今日のふり返り
6	すいみん	
7	朝ご飯・身じたく / 漢字テストの勉強	部屋の片付けが終わらなかったので、明日続きをやって終わらせる。
8		
9		
10	学校	
11	★漢字テストの勉強	
12	★理科のノート提出	
13		
14		
15		
16	宿題 算数ドリル5ページ	
17	自由時間 部屋の片付け	
18		
19	夜ご飯・お風呂	
20		
21	読書	
22	明日の用意	
	すいみん	

やるべきこととやらないといけないことは、1日の中で自分が一番集中しやすい時間帯に入れると〇。

優先順位の高いことや大切なことは、印をつけてわかりやすくする。

ギュウギュウに予定を組むのはNG。

Point

スケジュールは立てたらおしまいではなく、実際にできたかどうかをふり返ることが大切。1日の最後に、自分の立てたスケジュールをチェックして、その日のふり返りとしてひとことを書くようにしよう！

Lesson 32

Suteki Manner Lesson

「スケジュール帳」と「やることリスト」で充実した1日を過ごせる!

自分のやるべきことを「見える化」して、時間を上手に使いましょう。

スケジュールを立ててみよう!

上手に時間を使えるすてき女子になろう!

1日のスケジュールを立てるには、スケジュール帳を使うのがおすすめ。お気に入りのスケジュール帳をゲットして、予定を書き込んでみましょう。今よりもっと時間をムダなく使えるようになりますよ。

もっと計画的に物事をすすめられるようになる!

今度は「1週間単位」でスケジュールを立てることにチャレンジ! 1週間ごとの学校、習い事、スポーツ、学習、遊び、その他の予定を入れることで、「自分のやるべきこと」や「その週どれくらい忙しくなるか」などがわかりやすくなります。

Point

学校・習い事・スポーツ・学習・遊び、すいみん・食事・お風呂など、カラーペンなどで色をぬり分ければ、わかりやすくなって、見た目もきれいに!

094

Part 3 大人になってからも使える知識を身につけてさらにレベルUP！

やることリストを作ってみよう

「1日でいろいろなことをやりたい」というがんばり屋さんな子におすすめなのが、「やることリスト」！ その日1日にやりおえたいことをリストアップしてみましょう。

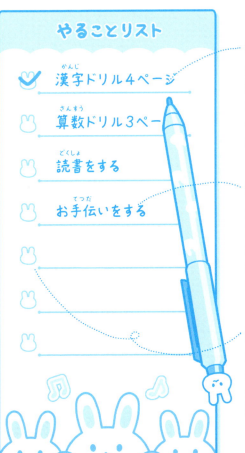

やることリスト
- ✓ 漢字ドリル4ページ
- □ 算数ドリル3ページ
- □ 読書をする
- □ お手伝いをする

Point 1
その日におわらせたいことや、達成したいことを、上から順番に書いていきましょう。思いつくまま書いて、後で優先度が高い順に番号をつけてもOK！

Point 2
リストに書くものは、基本的に「その日で完結するもの」がベスト。何日かかかるものは、その日の具体的な目標を設定しましょう。

Point 3
おわったら、チェックを入れていきましょう。全部チェックでうまったらスッキリとした達成感を感じられます。

Lesson 33 — Suteki Manner Lesson

ルーティンを作って時間を上手に使おう!

習慣にしたいことを書き出すと生活リズムを作りやすくなるよ。

生活のリズムを作ると1日の効率が良くなる!

毎日やることは時間を決めよう

決まった動きをくり返すことをルーティンといいます。自分が毎日やっていることや、習慣にしたいことをノートに書き出してみましょう。時間を決めて続けることで、習慣になり、時間のムダ使いを減らすことができます。

決まった動きをすると気持ちが安定する

ルーティンには、「集中力が上がる」「気持ちの切りかえがしやすくなる」という効果があります。また、緊張してしまう場面でも、いつもと同じ動きをすることで気持ちを落ち着かせることができます。スポーツ選手も、大事な試合前などに取り入れている人が多いのです。

Part 3 すてき女子になるための ルーティンを作ってみよう！

大人になってからも使える知識を身につけてさらにレベルUP！

下のすてき女子のルーティンを参考にして、自分のルーティンを作ってみよう！取り組んでみたいことや、習慣にしたいことを自分のノートに書いてみてね。

すてき女子のルーティン

- 朝、起きたら軽く体を動かす
- 毎朝、鏡で笑顔の練習をする
- ヘアアレンジを自分でやる
- ていねいにスキンケアをする
- 身だしなみチェックをする
- 洗い物をする
- 夜ご飯の手伝いをする
- 寝る前に次の日の持ち物を用意する
- 次の日に着ていく洋服を決める
- 夜9時までに寝る
- 朝、登校したら、机やロッカーを整理する
- 朝、早めに登校して1人学習に取り組む

スケジュール表とやることリストを書いてみよう！

このページをコピーして使ってください。
書き方は、P93 と P95 を参考にしましょう。

スケジュール表

時刻		今日のふり返り
6		
7		
8		
9		
10		
11		
12		
13		
14		
15		
16		
17		
18		
19		
20		
21		
22		

Part 3

大人になってからも使える知識を身につけてさらにレベルUP！

やることリスト

やることリスト

- 🐰 _____
- 🐰 _____
- 🐰 _____
- 🐰 _____
- 🐰 _____
- 🐰 _____
- 🐰 _____

099

Lesson 34 — Suteki Manner Lesson

食事のマナーを覚えて「食べ方美人」をめざそう！

基本のマナーと正しいお箸の使い方を身につけましょう！

食べるときの基本のマナーを覚えよう！

いただきます。

『いただきます』『ごちそうさまでした』をしっかり言おう！

「いただきます」は、食材に対して命をいただくことへの感謝の気持ちと、料理が用意されるまでに関わったすべての人への感謝の気持ちを。「ごちそうさま」は、料理を作ってくれた人への感謝の気持ちを表しています。しっかりと手を合わせて、元気に言いましょう。

きれいな姿勢で食べる

イスに座るときは、背筋をのばして座りましょう。たたみの場合の理想の座り方は、正座ですが、長い時間座って足がしびれてしまったときや、正座が難しいときは、横座りでも大丈夫です。

ながら食べをしない

テレビやスマホを見ながらの「ながら食べ」はお行儀が悪いのでやめましょう。食事は、コミュニケーションが取れる大事な場です。いっしょに食事をしている人たちとの会話を楽しみましょう。

OK!

100

Part 3 大人になってから使える知識を身につけてさらにレベルUP！

正しいお箸の持ち方をマスターしよう！

毎日使っている「お箸」。正しい持ち方ができていると、一気にすてきに見えます。チェックしてみましょう！

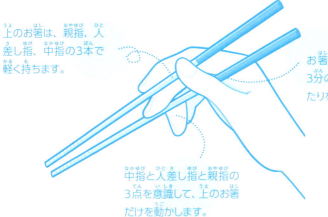

上のお箸は、親指、人差し指、中指の3本で軽く持ちます。

お箸の先から約3分の2の部分あたりを持ちます。

中指と人差し指と親指の3点を意識して、上のお箸だけを動かします。

NGなお箸の使い方

横箸

寄せ箸

横箸 お箸を2本そろえて、スプーンのようにすくって使うこと。

移り箸 一度取ろうとしたおかずから別のおかずへとお箸を動かして食べること。

寄せ箸 お箸で食器を自分の方に引き寄せること。

刺し箸 食べ物にお箸を突き刺して食べること。

Lesson 35　Suteki Manner Lesson

ポイントをおさえるだけで「食べ方美人」になれる！

食べ方について学んで、食事の時間もすてきに過ごそう！

「スピード」と「音」に気をつけよう

よくかんで食べることを意識しよう！

食事は、20分以上かけて食べるのが理想です。食べ物の消化と吸収をよくするためにも、ひと口につき30回かむように心がけたり、かんでいる間はお箸を置いたりして、よくかんで食べることを習慣にしましょう。

音を立てないことで上品な印象に

食事をするときは、食べるときの音に気をつけましょう。無意識のうちに「クチャクチャ」と音を出しながら食べたり、「ゴクッゴクッ」と音を出しながら飲んだりしていると、その音でまわりの人をいやな気分にさせてしまいます。

Point　音を出さないようにするコツ

口を閉じて食べるように意識すると目立ちにくくなります。食べながら話すと音が目立ちやすくなるので、食べおわってから話すようにしましょう。

Part 3 お行儀が悪く見える食べ方をしない！

大人になってからも使える知識を身につけてさらにレベルUP！

ひじをつきながら食べる

テーブルにひじをつきながら食べると、食べ物をこぼしやすくなります。利き手と反対の手は、食器にそえるのがマナーです。

犬食いをする

食器に口を近づけて食べることを指します。お皿を手に持って、自分に近づけて食べるようにしましょう。

利き手と反対側の手を「手皿」にする

上品な仕草に見えますが、手のひらに食べ物がこぼれてしまうと手が汚れるので、お行儀が悪いとされています。

食べ物を口に入れながら話をする

口の中にある食べ物が見えて、相手をイヤな気分にしてしまいます。口を手でかくしてしゃべるのもNGマナーです。

音を立てて食べていいものとダメなものを知っておこう！

◎そばやラーメンなどの麺類（パスタ以外）は、音を立てて食べてもマナー違反ではありません。せんべいも、口を閉じても音が出てしまうのでOKです。

✗スープや納豆、お茶は音を立てて食べたり飲んだりするのはNG。麺類以外のすする音は基本的にマナー違反になります。

103

Lesson 36
Suteki Manner Lesson
おでかけ先で使える テーブルマナーを覚えよう!

和食、洋食それぞれのマナーを身につけてまわりと差をつけよう!

 和食のマナーをマスターしよう!

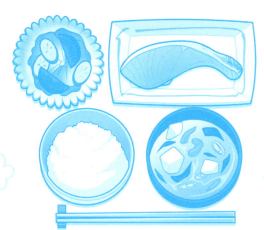

和食のマナー

- おわんや小鉢は持ち上げる。
- 大きなお皿は持ち上げないようにする。
- どの料理もまんべんなく食べ進める。
- 「うすい味つけ」のものから「こい味つけ」の順番に食べる。
- 一匹丸ごとの焼き魚を食べるときは、頭から尾ひれの方に向かって食べる。

食べ終えたお皿を重ねない

お店によっては、貴重なお皿や漆器を使って料理を出してくれるところがあります。お皿を重ねることで、汚れがついたり、傷つけたりすることがあるので、お皿を重ねるのはさけましょう。

NG!

大人になってからも使える知識を身につけて さらにレベルUP！

洋食のマナーをマスターしよう！

洋食のマナー

- ♥ ナプキンは、二つ折りにして折り目の方を手前にひざの上に置く。
- ♥ 料理はかみちぎらずに、ナイフでひと口サイズに切って口に運ぶ。
- ♥ 食器は持ち上げず、置いたまま食べる。
- ♥ ナイフやフォークは外側から順に使う。
- ♥ スープは、手前から奥にスプーンを動かしてすくう。スプーンの底を、スープの表面につけるとポタポタと汁がたれなくなる。

ナイフとフォークのマナーをマスターしよう

ナイフは右手で刃の付け根を軽くにぎり、人差し指をナイフの刃の背にそえます。フォークは左手で背の方を上に向け、人差し指をそえます。食べている最中は、ナイフとフォークをお皿の上に「八の字」の形になるように置きましょう。

音を立てない

ナイフやフォークなどでカチャカチャと音を立てるのはNG。グラスでかんぱいをするときも、大きくカチンとぶつけるのはひかえましょう。

105

Lesson 37 *Suteki Manner Lesson*
「旬」を楽しむ すてきな感性を身につけよう!

それぞれの季節を楽しめる知識を身につけて、すてきレベルを UP しよう!

四季の食べ物を知ろう

四季とは、春・夏・秋・冬の4つの季節のこと。日本には、四季の食材を使って素材の味を楽しむ文化があります。その食材の収かく量が他の季節より増え、一番おいしく食べることができる時季を旬といい、旬の食材は栄養がたっぷりでとても体にいいです。積極的に取り入れて、体の内側から美しくなりましょう。

春 が旬の野菜と果物

春が旬の野菜や果物は、香りや甘みが強く、色が鮮やかでビタミンなどの栄養が豊富なのが特ちょうです。

代表的な野菜や果物
キャベツ、アスパラガス、たけのこ、そら豆、さやえんどう、菜の花、いちご、デコポン、さくらんぼ

キャベツ　アスパラガス　たけのこ

デコポン　さくらんぼ

106

Part 3

大人になってからも使える知識を身につけてさらにレベルUP！

夏 が旬の野菜と果物

夏が旬の野菜や果物は、ビタミンやカリウム、水分が多く含まれているのが特ちょうです。熱中症予防効果があり、夏バテ対策にぴったりです。

代表的な野菜や果物
えだまめ、オクラ、きゅうり、トマト、とうもろこし、なす、すいか、なし、パイナップル、ぶどう、マンゴー

きゅうり　トマト　とうもろこし

なし　パイナップル

秋 が旬の野菜と果物

秋が旬の野菜や果物は、栄養価が高く免疫力がUPします。ウイルスから体を守ってくれるので積極的に食べましょう。

代表的な野菜や果物
かぼちゃ、にんじん、さつまいも、だいこん、かぶ、じゃがいも、かき、ぶどう、くり、もも、りんご

かぼちゃ　さつまいも　かぶ

かき　もも

冬 が旬の野菜と果物

冬が旬の野菜や果物は、体を温める効果があり、ビタミンCが豊富です。寒さにたえるために糖分がたくさん作られ、甘みが強くなります。

代表的な野菜や果物
春菊、だいこん、ねぎ、ブロッコリー、ほうれんそう、レンコン、白菜、いちご、いよかん、洋なし

ブロッコリー　ねぎ　ほうれんそう

いちご　いよかん

Lesson 38
Suteki Manner Lesson
好感度がUPする おしゃれを楽しもう!

かわいい! おしゃれ! だけではなく、自分に合った服装を心がけましょう。

おしゃれに興味がわき、いろいろなファッションにチャレンジしたくなる時期。服装ひとつでイメージが変わるからこそ、印象をUPさせる服選びが大切です。自分に似合っているかどうか、でかける場所にあった服かどうか、おでかけする前に鏡でチェックするようにしましょう。

おうちの人と しっかり話し合おう

着たい服が少し大人っぽいかな? 丈が短いかな? と思ったときは、自分だけで判断せずに「こういう服を着たいんだけど、どう思う?」とおうちの人に相談してみましょう。おうちの人と服装のOKラインを決めれば、もっとおしゃれを楽しめます。

Part 3

イメージがUPする！親しみやすい服装を心がけよう！

大人になってからも使える知識を身につけてさらにレベルUP！

好感度がUPする服装

場合によってはNGな服装

- 💙 おなかや胸元が見えない、きちんと感のあるトップス
- 💙 すけない素材の服
- 💙 動いても問題のない丈のスカートやキュロット

- ✖ 胸元が開きすぎているトップス
- ✖ おなかが見えるほど短い丈のTシャツ
- ✖ 下着が見えるくらいの短すぎるスカートや短パン

Lesson 39 Suteki Manner Lesson
シチュエーションに合わせた服装を選んですてき度UP!

場面別の服装のマナーや選ぶときのポイントを紹介します。

「TPO」を覚えよう！

TPOとは、「Time（時）」「Place」（場所）「Occasion（場合）」の頭文字を取ったものです。シチュエーションに合った服や行動ができることは、大人になるための第一歩。服選びのポイントを場面別に見ていきましょう。

Time「時」　Place「場所」　Occasion「場合」

学校に行くときの服装

学校はさまざまなことを学ぶ場所です。学校生活にふさわしい動きやすい服装で、身だしなみを整えましょう。制服がある学校では、着くずさずにきちんと着るようにします。私服の場合は、汗をかいたり、汚れることも多いので、洗濯しやすいものがベストです。

Part 3 大人になってからも使える知識を身につけてさらにレベルUP！

かしこまった場所に行くときの服装

家族でレストランに行ったり、クラシックコンサートや美術館などに出かけたりするときは、いつもより華やかでかわいらしい服装で身だしなみを整えましょう。足元は、エナメル製のくつがおすすめ。バッグは小さめのものがおしゃれに見えます。

冠婚葬祭での服装

結婚式に出席するとき

制服がある学校に通っているなら、制服が正式な礼服になります。足元は、革ぐつなどきちんとしたものがベストです。私服で行く場合は、ワンピースやドレスなどがいいでしょう。華やかなお祝いの場にふさわしい明るい色がおすすめです。

お葬式に参列するとき

お葬式でも制服を礼服として着用することができます。私服で行く場合は、ダークカラーのシンプルなワンピース、または白のトップスに黒系のボトムスを合わせます。生地はサテンなどの光る素材はNG。エナメルぐつはお葬式の場にはふさわしくないので避けましょう。

Lesson 40 — Suteki Manner Lesson

およばれのマナーを身につけて魅力UP！

友だちのおうちでも美しくふるまって、いつでもどこでもすてき女子に！

玄関先でのマナーを覚えよう！

おじゃまします。
○○○○です。

元気なあいさつで好印象をGET！

友だちの家に遊びに行ったら、まずは友だちとおうちの人に、元気に「おじゃまします」とあいさつをしましょう。自分の名前も言えるとGOOD！帰るときにも「おじゃまにました」を忘れずに。

上品な印象に！
くつをぬいだらそろえよう！

玄関でくつをぬいだままにしたり、くつがそろうように両足を合わせてぬぐのはNG。しゃがんできちんとくつをそろえてから立ちましょう。サンダルのときは、くつ下を持って行くのがマナーです。

112

Part 3 友だちのおうちでのマナーを身につけよう！

大人になってからも使える知識を身につけてさらにレベルUP！

手みやげはいつわたす？

あいさつが終わったタイミングでわたしましょう。「よかったら食べてください」などの言葉をそえられるとすてき！

何かをいただいたら？

おかしやジュースをいただいたら、必ず「ありがとうございます」「いただきます」とあいさつしましょう。

帰る前にすることは？

遊びおわったら、必ず友だちといっしょに片付けましょう。最後に、自分の忘れ物がないかもチェックしてください。

おうちに帰ったら…

友だちの家にあげてもらったり、何かをもらったりしたら、必ずおうちの人に報告しましょう。

NG! 友だちの家でやってはいけないNGマナー

- ❗友だちの家のものを勝手にさわる
- ❗他の部屋をだまってのぞく
- ❗勝手にキッチンに入って冷蔵庫を開ける
- ❗だまってお手洗いに行く

Lesson 41 公共のマナーを覚えて どんなときでもすてきに！

おでかけ先でもまわりの人への気配りを忘れないことが大切！

電車やバスでのマナーをチェックしよう

おでかけに行く途中は、楽しみでついついまわりへの気配りを忘れてしまいがち。どんなときも気を抜かずすてきに過ごしましょう。

- 優先席は、その席が必要な人のためにゆずる
- 電車やバスの中で通話をしない
- スマホやゲーム機で遊ぶときは、音を出さない
- 飲食はひかえる
- 席に座るときは、自分の荷物をひざの上に置く
- 大きな声でしゃべらない
- リュックは他の人にぶつからないように持つ

Part 3 大人になってからも使える知識を身につけてさらにレベルUP!

勇気を出して声をかけよう

電車やバスでお年寄りや具合が悪そうな人を見かけたら、勇気を出して席をゆずりましょう。また、一見困っているようには見えないけれど、「ヘルプマーク」や「マタニティマーク」などのマークをつけている人がいます。もしつけている人を見かけたら、自分のできることでお手伝いをしてあげてください。

見かけたら席をゆずろう!

• ヘルプマーク •

障害や病気など、外見からはわからなくても援助が必要であることを知らせるマーク

• マタニティマーク •

おなかに赤ちゃんがいることを知らせるためのマーク

Lesson 42 — Suteki Manner Lesson
お手洗いのマナーを身につけて ワンランクUP！

自分もみんなも気持ちよく使えるように心がけましょう。

お手洗いでの行動をチェックしよう！

個室を出る前にチェック

個室を出る前に必ずふり返って確認しましょう。汚してしまったときは、きれいにしてから出ましょう。

洗面台をひとりじめしない

洗面台をひとりじめすると、他の人が使えません。身だしなみチェックはなるべく早めにすませましょう。

こんなことにも気をつけよう

大勢で集まらない

トイレで大勢の友だちとワイワイ話すのはNG。用事がすんだら、次の授業の準備のために早めにもどりましょう。

洗面台はきれいに使う

水が飛んだときはふき取り、髪の毛が抜け落ちたときは拾って捨てるようにしましょう。そのままにしておくのはNG。

Part 3 大人になってからも使える知識を身につけてさらにレベルUP!

生理についての知識をつけよう

生理がきたら…

初経（はじめての生理）が始まったら、はずかしがらずにおうちの人に話しましょう。生理があるということは「大切な命をつなぐ体へと成長できた証」。おうちの人に不安なことがあれば話してみましょう。

生理のときに必要なもの

おうちの人と相談してそろえておきましょう。

生理用ナプキン
経血を吸収するためにショーツにつける、生理のときの必需品。

ポーチ
ナプキンを持ち歩くために使います。複数枚入る、汚れが目立たないものがおすすめ。

サニタリーショーツ
もしナプキンから経血がもれてしまっても、服につきにくい加工がされているので安心。

こんなときはどうしたらいい？

どうしても具合が悪いときは…
生理による体調の変化は、人それぞれです。学校で体調が悪くなったときは無理をせず、担任の先生か保健室の先生に相談して休ませてもらいましょう。

急に生理が来たから生理用品がない…
一時的な処置としてトイレットペーパーで代用できます。生理が始まったら、いつ来ても大丈夫なように、必ず1～2個は持ち歩くようにしましょう。

Lesson 43

体についてのいろいろなおなやみを解決しよう！

人には相談しにくいおなやみの解決方法をいっしょに見ていきましょう！

毛とにおいのケアをしよう！

むやみにぬいたりそるのはNG！

成長するにつれて「手足」「ワキの下」「口まわり」などのムダ毛が気になるという子が増えてきます。自己流で処理すると肌をいためるので、おうちの人に相談しましょう。

それでも気になるときは…

家に帰ったら、足を洗うようにしましょう。汗をしっかり落とすことで、においの原因を消すことができます。また、足のツメをのばしたままにすると、ツメに雑菌がたまってにおいが強くなるので、こまめに切るようにしましょう。

くつを清潔にしてにおいを軽減

足のにおいの一番の原因は、くつにあります。くつは、洋服のように毎日洗うことが難しいので、においがたまりやすくなるのです。まず、運動ぐつや上ばきはこまめに洗うようにしましょう。最低でも週に1回は洗うのがベスト！ 洗えないときは、消臭スプレーをかけたり、外に干して中を乾燥させたりするだけでもにおいが気にならなくなります。

118

授業中のおなやみをバッチリ解決！

Part 3 大人になってからも使える知識を身につけてさらにレベルUP！

その1 授業中におなかが鳴ってはずかしい…！

食べ方と食べる物で解決！

- 食事はよくかんでゆっくり食べるようにする
- 肉や魚、米などのおなかにたまるものを食べる
- 炭酸飲料を飲まない
- 熱い飲み物や麺類をさける

その2 授業中に眠くなっちゃう…！

目覚ましのツボを押して解決！

♥ 合谷（ごうこく）
手の甲の親指と人差し指の間で、骨が合流するところから少し人差し指寄りにあります。少し痛いけど気持ちいいくらいの強さで押してください。

♥ 百会（ひゃくえ）
目の中間と左右の耳を頭の上で結んだ交差点にあります。少し強めにクリクリと数回押してみましょう。

他にもこんな対策が！

- 1枚羽織っていたものを脱ぐなどして体を冷やす
- 大きく深呼吸して、脳に酸素を取りこむ

119

Lesson 44

Suteki Manner Lesson
香水や制汗剤をつけるときの注意点を知ろう！

強すぎる香りはまわりの人の迷惑になります。しっかり知識をつけましょう。

自分がいいにおいと思っていても、まわりの人はちがうかも…

香りの好みは人それぞれ

においでまわりの人に不快感を与えることを「スメルハラスメント」といいます。制汗スプレーや香水などは、自分は「いい香り」だと思っていても、その香りが苦手な人もいます。中には、においにびんかんで体調が悪くなってしまう人もいるので、強いにおいには注意が必要なのです。

つけすぎに注意しよう

香水や制汗スプレーをつけるときは、つけすぎに注意しましょう。つければつけるだけいいにおいになるというわけではありません。適切な量を守りましょう。自分ではわかりにくいときは、出かける前におうちの人に香りが強すぎないかどうか確認してみましょう。

120

すてきマナーレッスン 番外編

ストレスと向き合う方法と SNSのルールを 身につけよう！

おなやみ相談室で、 みんなが抱えるおなやみを いっしょに解決！

Extra edition

みんなに知っておいてほしい
ストレスとの向き合い方とSNSについての知識。
そして、みんなが抱えるおなやみを
解決するページがあります。
大事なことをたくさん紹介しているので、
しっかり読んでね。

Lesson 45 — Suteki Manner Lesson
ストレスと向き合って毎日楽しく過ごそう！

自分の気持ちと向き合ってすてきな毎日を過ごしましょう。

ストレスの原因にはどんなものがあるか知ろう！

ふとしたときにイライラしたり、ちょっとしたことで悲しくなったりすることはありませんか？ 勉強や習い事、友だち関係で、気づかないうちにストレスをためてしまっているのかも…。ストレスとの向き合い方を学んで楽しく過ごせるようになりましょう。

勉強関係
高学年になると、授業のレベルが上がってどんどん難しくなるので、ストレスの原因になることがあります。

友だち関係
友だちとの関係がうまくいかないと、学校が楽しくなくなり、行きたくなくなってしまうことがあります。

家族との関係
親に注意されたり、干渉されたりすることや、兄弟・姉妹とのケンカもストレスの原因になります。

Point 「自分の気持ちノート」を作ってみよう
自分が思っていることをノートに書き出すことで、気持ちを整理できます。頭の中で悩むよりも解決策が見つけやすくなるのでおすすめ。

番外編 ストレスと向き合う方法とSNSのルールを身につけよう！

モヤモヤした気持ちを整理して伝えよう！

ストレスを感じてモヤモヤした気持ちは、自分の中で向き合って整理してみましょう。相手にていねいに伝えれば、意外とすぐに解決できることもあります。

友だち関係のモヤモヤを解決

1 思っていることが伝えられなくてモヤモヤする。

悲しいことがあったらその感情を友だちに伝えましょう。自分ががまんすればいいと思って、モヤモヤをためこむと、どんどん心がしんどくなってしまいます。気持ちを伝え合うことで、きずなが深まります。こわがらずに友だちと向き合ってみましょう。

2 友だちと話が合わなくてつまらない。合わせなきゃダメ？

友だちと好きなものにちがいがあると、話が合わないと感じてしまいます。相手の好きなものに興味を持つことはいいことですが、無理に好きにならなくて大丈夫。自分の好きを大事にしてください。

家族とのモヤモヤを解決

あれこれ言われるとムカついて強く当たってしまう

「あれしなさい」「これしなさい」と言われることにストレスを感じる子は多いでしょう。でも、おうちの人は、決してあなたがにくくて言っているわけではありません。おうちの人もあなたと同じ年齢を過ごしてきたからこそ、今やっておくべきことがわかるのです。あなたの将来に必要なことだから、伝えてくれています。大先輩からの、アドバイスだと思って言葉を受け取ってみてください。いやなことと向き合ってがんばったことは、必ずあなたの力になりますよ。

127

Lesson 46

Suteki Manner Lesson

スマホとメールの正しい知識を身につけよう！

スマホやメールについての絶対に知っておいてほしい知識を紹介します。

こんな使い方していないかな？

- ❗ おうちの人と決めた時間以上使っている
- ❗ ご飯やお風呂の時間もスマホを使っている
- ❗ おうちの人に禁止されたアプリをダウンロードしている
- ❗ SNSで自分の個人情報や顔がわかる写真を公開する
- ❗ 夜おそい時間までメッセージのやり取りをしている

おうちの人とスマホを使うときのルールを決めよう！

スマホを適切に正しく使うために、おうちの人と使い方のルールを決めましょう。使っていい時間を決めると、スマホばかりにならずメリハリのある生活を送れます。使っていいアプリやサイトもきちんと決めると安全です。

スマホが気になって仕方ないときは…

「夜〇時以降は親にあずける」「リビングだけで使う」「着信音をオフにする」など、使い方を工夫しましょう。

128

番外編 — ストレスと向き合う方法とSNSのルールを身につけよう！

「友だち同士のやりとりに便利」「写真も簡単に送れる」などの理由から、小学生でもメッセージアプリを使う人が増えています。ルールを守り、みんなが楽しく使えるように心がけましょう。

メールを楽しむためのルールを守ろう！

グループチャットを使うときは、時間を決めよう

ひっきりなしに通知音が鳴り、スマホが手放せない状態になっていませんか？「夜8時以降〜朝7時の間は送らない」などルールを決めると○。

すぐに返事がなくても責めない

既読にならないからといって責めたり、「なんで返してくれないの？」などのメッセージを送るのはやめましょう。

友だちのことをブロックしない

特定の子だけをグループからはずしたり、ブロックをして仲間はずれにする行為は「いじめ」にあたるのでやめましょう。

「意味深な言葉」はやめよう

見ている人が不快に感じるメッセージはひかえましょう。一部の人だけにわかる悪口を書くのもいじめにつながります。

129

Lesson 47 — Suteki Manner Lesson

SNSを正しく使って友だち関係もハッピーに!

SNSと上手に付き合うコツを身につけて、楽しく使おう!

〈SNS〉の正しい知識を身につけてトラブルをさけよう!

SNSは、無料で気軽に使える半面、使い方をまちがえるとトラブルに巻きこまれることもあります。トラブルにあわないために知っておきたいSNSの知識を紹介します。

個人情報を守ろう!
SNS上には絶対に自分の個人情報はのせないこと。SNSは自分が知らない大勢の人が見ていることを忘れずに、一定の距離を保つことが大切です。

言葉の表現には気をつけよう!
SNSでのやり取りは、「顔の見えない」コミュニケーション。言葉は、簡単に人を傷つけます。読む相手の気持ちを考えて言葉を選ぶようにしましょう。

知らない連絡先には返信しないで!
知らない番号からの電話や、知らない人からのメッセージは無視が一番。何回も電話やメッセージが来る場合は、すぐにおうちの人に相談してください。

SNSいじめは絶対にダメ!
仲間はずれにしようと書きこんだり、悪口を投こうしたりするのは絶対にやめましょう。SNSでの投こうは、インターネット上に一生残ります。

番外編 ストレスと向き合う方法とSNSのルールを身につけよう！

絶対ダメ！「さらし」について知ろう

その行為『さらし』かも!?

- ❗ SNSに特定の人の名前や住所、顔写真などの個人情報を本人の許可なく公開する
- ❗ トーク画面のスクリーンショットを他の人と無断で共有する
- ❗ 個人的なやり取りでの写真や動画をたくさんの人にばらまく

 これらはすべて「さらし」の行為です。心当たりがある人は今すぐやめましょう。

SNSにとらわれすぎないようにしよう！

「いいね」を気にしすぎないで！

SNSで「いいね」をもらうことばかり考えて、他のことに集中できないのはNG。依存しているサインです。気にしすぎてしまう子は「いいね」の数を表示しないように設定しましょう。SNSだけでなく、リアルな世界も楽しめるのがすてきな女の子です。

SNSと上手につきあうコツ

SNSの情報が必ずしも、すべて真実であるとは限りません。見たままを信じるのではなく、しっかり自分で考えて判断できる力を身につけましょう。困ったときはすぐに大人に相談することを約束してください。

いっしょに解決！
みんなのおなやみ相談室

ここでは、小学生のよくあるおなやみを
先生といっしょに解決していきます。

友だち付き合い編

友だちとのかかわり方のおなやみを持っている子は
たくさんいます。ひとりでなやまずに、いっしょに
解決方法を見つけましょう！

おなやみ1

クラスがえがあり、仲良しだった友だちとちがうクラスになってしまい、そこから学校に楽しく通えなくなってしまいました。親からは「今のクラスで新しい友だちをたくさん作ればいい」と言われるものの、それもうまくいきません。

アドバイス

大好きな友だちとはなれて落ち込んでしまう気持ち、よくわかります。そういうときは、新しい友だち作りをしようと思っても難しいですよね。まずは「すぐになじまないといけない」「友だちをたくさん作らないといけない」とあせらないことが大切。新しいクラスの仲間にも少しずつなれていけばOKと自分に言い聞かせてみましょう。

番外編

ストレスと向き合う方法とSNSのルールを身につけよう！

おなやみ2 !?

ある同級生グループの1人から「あの子をみんなで無視しよう」と言われましたが、「そんなことしちゃダメだよ」と言ったら、自分までそのグループから無視されるようになり、裏では悪口を言われるようになってしまいました。自分がターゲットにされるとは思っていなかったのですが、それでもまちがえたことをしたとは思えません。どうすればいいですか？

アドバイス

自分の意見をきちんと持っていることがすばらしいと思います。その上で、これからのことを考えてみましょう。

まずは相談しやすい人（担任の先生や保健室の先生、スクールカウンセラーなど）やおうちの人に話しましょう。自分に起きていることを、なるべく事実だけを伝えるようにします。学校でなんらかの対応がされることで、おさまる可能性もあります。

その間、いつもどおり過ごすことに専念してほしいと思います。まわりもそうした様子を見ているうちに、何が正しいのかわかってくれるかもしれません。

学校でほかにも仲良くできる友だちがいるのなら、そうした人たちとすてきな関係を築いた方が自分自身にとってもいいはずです。勇気を出した自分を大切にしてくださいね。

133

おなやみ3

友だちに「どっちにする？」と聞かれると、つい「どっちでもいいよ」と答えてしまいます。本当は「あっちの方が良かったかも…」と思うときがあるのに、それを口で言うことができずにいます。そのせいで「どっちでもいいだとかえって困る」と言われてしまいます。友だちにきらわれたくないので、みんなとちがう意見になることがこわいです。

アドバイス

いろいろな場面で、「AとB、どっちにする？」と選たくを求められることがありますよね。大人でも人と意見が分かれるのがこわくて、同じように答える人も多くいると思います。
ただ、「どっちでもいい」と言われると、言われた側は「興味ないのかな」「意見を言ってくれないと困る」と感じる人もいます。意見がちがうことは悪いことではありません。考え方は人それぞれです。自分の意見を正直に伝える方が相手のためになります。

意見を聞かれたときの豆知識

どちらがいいかと聞かれてたときに、求められているのは
❶ 真けんに意見を求めている場合
❷ 共感してほしい場合
の2つのパターンが考えられます。

❶の場合は、意見がちがってもいいので、あなたの意見が聞きたいということ。そういうときはしっかりと考えて答えてあげましょう。
❷の場合は、自分の意見への共感を求めていますが、ちがう方を選んでも大丈夫。「Aもいいね！でも、私はBの方が好きかも」のような伝え方をすると優しく意見を伝えられます。

番外編

ストレスと向き合う方法とSNSのルールを身につけよう!

家族との関係編

いつもは良好なお父さんやお母さんとの関係も、ちょっとしたことで雰囲気が悪くなったり、ケンカが増えてしまったりすること、ありますよね。そんなときのおなやみをいっしょに解決していきましょう。

おなやみ1

最近、お母さんやお父さんとケンカばかりしています。特に勉強のことでうるさく言われることが増えてウンザリしてしまいます。こんなとき、どうすれば両親がうるさく言わなくなるのか教えてください。

アドバイス

親子のケンカはだれでもゆううつな気分になりますよね。毎日ともなると、おうちの中での居心地も悪く感じているのではないでしょうか? あまりにも勉強面で細々と言われすぎると、やる気もなくなってしまうので、できればそうなる前におうちの人と話し合ってみましょう。
「もう少し様子を見てほしい」「次の目標は○○だから、それに向けて協力してほしい」など、自分から提案してみるのも◎。言葉で上手に伝える自信がないときは、手紙を書いて読んでもらうのもいいですね。

おなやみ 2

親からあれもこれもダメと言われてストレスです。自分の希望がなかなか受けいれてもらえないときは、どうすればいいですか？

アドバイス

やってみたいという気持ちを否定されるとイライラしたり悲しい気持ちになりますよね。ただ、おうちの人が反対することには、必ず何かの理由があります。あなたのことを大切に思っているからこそなのです。それに、今はまだ早いというだけで、もう少し成長したときに、すんなり「やってみたら」と背中を押してくれるかもしれません。面どうくさがらずに、おうちの人とのコミュニケーションを増やしてみましょう。

おなやみ 3

優秀な姉といつも比べられている気がして、自信をなくしてしまいます。私はどうやったら姉みたいになれるのかなやんでいます。

アドバイス

二人ともにおうちの人にとっての大切な子どもです。もしかするとあなたが「姉の方がかわいがられている」と受け取ってしまっているだけかもしれません。お姉さんはとても優秀とのことですが、あなたがお姉さんをめざす必要はないと思います。あなたに何か打ちこめるものがあるなら、そちらをがんばってみませんか？ 自分を輝かせてくれるものを見つけて、自分自身をみがいていってください。

血液型でわかる！あなたのおまもりアイテム！

あなたの血液型は何型かな？
血液型のタイプ別に、すてき度がUPする
おまもりアイテムを紹介するよ。

A型

おまもりアイテムは…
ばんそうこう

しっかり者のA型さんは、ケガをしてしまった友だちにサッとわたせるようにポーチにばんそうこうを入れておくとすてき度がUP！かわいい柄のばんそうこうで友情運がUPするよ！

B型

おまもりアイテムは…
ノートとペン

コツコツがんばれるB型さんは、かわいいノートとお気に入りのペンを持ち歩くとすてき度がUPするよ！テンションが上がるシールでデコレーションすると勉強運も上がっちゃう！

O型

おまもりアイテムは…
リップクリーム

コミュ力が高いO型さんは、いつでもくちびるの保湿ができるようにリップクリームを持ち歩くと、すてき度がUP！香りつきのものだと恋愛運もUPしちゃうよ！

AB型

おまもりアイテムは…
コンパクトミラー

こだわりが強いAB型さんは、いつでも身だしなみをチェックできるように持ち歩くとすてき度がUP！かわいい形のミラーにすると、おしゃれ運がUPするよ！

監修 大塚けいこ

キッズマナーインストラクター
株式会社子育て研究所にて「アフェクションキッズマナー」を主宰。未就学児から小学生向けにわかりやすいプログラムを開発、1回完結型のキッズマナーレッスンを運営。現在は子役・モデル・幼稚園受験・小学校受験・就学前のマナー習得まで幅広く対応。2020年6月『自分をみがこう！一生役に立つルールとマナー』（ナツメ社）を監修。

Staff

構成・文	古谷梨菜子（スタジオダンク）
ブックデザイン	平田美咲
マンガ・カバーイラスト	栗山ねね子
イラスト	七綱ナギ
校正	gemini
編集	福島啓子 宇美涼花

みんなから愛される！
すてきマナーBOOK

監　修	大塚けいこ
編集人	青木英衣子
発行人	殿塚郁夫
発行所	株式会社主婦と生活社 〒104-8357 東京都中央区京橋3-5-7
編集部	☎03-3563-5211
販売部	☎03-3563-5121
生産部	☎03-3563-5125
	https://www.shufu.co.jp
製版所	東京カラーフォト・プロセス株式会社
印刷所	TOPPANクロレ株式会社
製本所	TOPPANクロレ株式会社

Ⓡ本書を無断で複写複製（電子化を含む）することは、著作権法上の例外を除き、禁じられています。本書をコピーされる場合は、事前に日本複製権センター（JRRC）の許諾を受けてください。また、本書を代行業者等の第三者に依頼してスキャンやデジタル化をすることは、たとえ個人や家庭内の利用であっても一切認められておりません。
JRRC（https://jrrc.or.jp　eメール：jrrc_info@jrrc.or.jp　電話：03-6809-1281）

©SHUFU TO SEIKATSU SHA 2024 Printed in Japan
ISBN 978-4-391-16239-4
乱丁・落丁の場合はお取り替えいたします。お買い求めの書店か、小社生産部までお申し出ください。